常春藤传记馆

温儒敏／主编

U0889905

精神的魅力

雷锋传

赵淑华 著

長春出版社
国家一级出版社
全国百佳图书出版单位

图书在版编目(CIP)数据

精神的魅力:雷锋传/赵淑华著.—长春:长春出版社,2017.7

(常春藤传记馆/温儒敏主编)

ISBN 978-7-5445-4939-4

Ⅰ.①精… Ⅱ.①赵… Ⅲ.①雷锋(1940-1962)-传记 Ⅳ.①K825.2

中国版本图书馆 CIP 数据核字(2017)第 176753 号

精神的魅力:雷锋传

著　　者:赵淑华
责任编辑:孙振波
封面设计:楠竹文化

出版发行:長春出版社　　总编室电话:0431-88563443
编辑室电话:0431-88525948　　发行部电话:0431-88561180
地　　址:吉林省长春市建设街 1377 号
邮　　编:130061
网　　址:www.cccbs.net
制　　版:荣辉图文
印　　刷:长春第二新华印刷有限责任公司
经　　销:新华书店

开　　本:787 毫米×1092 毫米　1/32
字　　数:112 千字
印　　张:7.125
版　　次:2017 年 7 月第 1 版
印　　次:2017 年 7 月第 1 次印刷
定　　价:19.80 元

总　序

温儒敏

十多年前，我主持人民教育出版社高中语文教材的编写，其中选修课就专门设置有《中外传记选读》一种，我自己还动手编写了这本教材。因为受高考“指挥棒”影响，一般学校的选修课未必真能让学生自主选修，很多选修教材编出来都没有使用，但《中外传记选读》一直很受欢迎，每年都有重印。这让我对传记的阅读推广有了特别的关注。

我还注意到最近三四年高考语文试题命制的一种趋向，无论全国卷还是其他省市卷，阅读题往往都选传记作为材料。比如2016年全国卷的甲、乙、丙三个卷子，文言文阅读的材料全是传记，包括《明史·陈登云传》（甲卷）、《宋史·曾公亮传》（乙卷）和《明史·傅珪传》（丙卷）；现代文阅读的实用类文本也多用传记，节选了《吴文俊传》和《陈忠实传》。可见传记阅读越来越受到重视，考试也有意往这方面引导。

中小学语文教材也应当多选一些传记。现在

教育部正组织编写一套新的义务教育语文教科书，聘我担任总主编，这套新教材就选了不少名人传记，并鼓励学生多读传记。

为什么中小学生要多读传记？我曾在《中外传记选读》的前言中说过理由，这里不妨转述一下：

> 同学们都渴望能拥有健全、快乐和成功的人生，现在的学习阶段就在做准备，而且其本身就已经是你人生经历的一部分。我们该怎样设计自己的人生？当然最重要的还是学习。除了学习文化知识，还要从历史人物或者成功的人物身上学习宝贵的生活道理、人生哲学以及获取成功的途径。这就是励志教育，是人生教育中非常重要的部分。人都需要不断添加生活的动力，特别是在年轻的时候，要有偶像和楷模，有高远目标的激励。如同英国思想家培根所说过的："用伟人的事迹激励我们，远胜一切的教育。"让同学们从那些杰出的成功的人物身上吸取人生的经验，从前人多种人生道路的选择中寻找我们各自的"契合点"，这就是我们设立这门课的主要目的。

这里说的"设立这门课的主要目的"，其实

也是我们推出这套“常春藤传记馆”丛书的目的。

“常春藤传记馆”丛书由北京大学语文教育研究所组织编写，长春出版社出版。丛书每本10万字左右，其选目、内容和写法都是为中小学生“量身定制”的。我们希望这套丛书能作为基本图书进入中小学图书馆。和其他同类传记图书相比，“常春藤传记馆”丛书有四个特色：

一是传主覆盖范围广。包括中外古今各个领域的名人，涉及政治、军事、科学、实业、社会活动、文学、艺术、革命等领域。重点考虑有代表性的、在精神层面可以给学生激励的那些名人。

二是和课程教学有呼应。中小学除了语文，各个学科的教材和教学都会涉及中外古今各个领域的著名人物，选择主题首先考虑这一情况，选取学生有所接触又可能希望进一步了解的那些名人。这可以满足学生不同的兴趣爱好。

三是专门为中小学生编写。本套传记不是专业性强的评传，而是重在勾勒传主生平事业贡献的小传，内容和文字力求深入浅出，生动形象，有趣有味。阅读对象接受水平可以定位在初中程度，也可以稍高一点。特别是有些理科方面的传记，主要面对高中生。其实，小学生的课外阅读也要取法乎上，他们可以读这套为中等文化水平

的读者设计的书。

四是内容安排上特别注重励志及健全的人格心理引导培养，在叙说传主生平事迹时，适当地自然地凸显这些方面的思考。

丛书取名“常春藤传记馆”，有特别的含义。“常春藤”是一种多年生常绿藤类灌木。美国哈佛大学等几所著名的私立大学，组成体育联盟，叫“常春藤盟校”，其起名是因为这些老校的校舍墙上常攀缘有常春藤。本丛书以“常春藤传记馆”作为标识，是虚拟的意象，可以联想到著名的学府，也可以联想到古代的书院，从而营造浓郁的阅读氛围和宁静的心境。另外，“常春”和“长春”同音，暗含这套丛书是由长春出版社出版的。

但愿广大师生喜欢这套书，也期盼大家提出批评建议，共同来经营好这套书，让“常春藤传记馆”更好地满足广大读者，特别是中小学生课外阅读的需求，满足语文教学的需求。

2016年6月30日济南历下

（温儒敏，山东大学一级教授，北京大学中文系教授，教育部聘义务教育语文教科书总主编）

目录

contents

第一章
苦水里泡出来的一棵苗

童年血泪

从湖南省长沙城跨过湘江，越过岳麓山，顺着长宁公路西行30里，在连绵的丘陵之间，有个小山冲叫简家塘（简家塘所属的安庆乡今已更名为雷锋镇）。塘后蛇形山前有几间不避风雨的破茅屋，茅屋的山墙向外倾斜着，靠几根树桩支撑着。1940年12月18日，雷锋就出生在这里，从出生到1958年11月离开，雷锋在这里生活了18年。雷锋出生的这一年是农历“庚辰年”，雷锋的祖父随本乡之俗，给他取名“庚伢子”。新中国成立后，雷锋苦尽甘来终于有机会上小学时，送他上学的父亲生前好友彭德茂乡长为他改名为“雷正兴”，而雷锋这个名字是他日后离开家乡北

上鞍山之际，几经斟酌，为自己取的。

雷锋的祖父名叫雷新庭，是一位饱经风霜的老佃农，一直佃种当地唐姓地主的10亩地。祖父虽为农民，但年轻时曾上了一年私塾，言语间，不乏书卷气，为人正直，性情谦和，做事严谨，即使插秧种水稻，也要株正距匀，横平竖直。他坚信依靠自己的勤劳与节俭，可以使自己的家庭发达起来，一滴汗水就会有一滴收获，但是苦雨般繁密的灾难却接踵而来。他终年劳作，省吃俭用，可是却有着永远打发不完的债主，有催收租谷的，有放高利贷的，有收苛捐杂税的……众多的债主销蚀尽了他的精气神，使他步履蹒跚，时不时发出一声长长的叹息，最终身染重病，卧床不起。1941年腊月，有钱人家杀猪宰羊，燃放鞭炮过大年时，债主们一齐逼上门来，尤其是地主唐四滚子，逼着雷新庭还清租债，否则夺佃，不许再种唐家的田。那年年成不好，家里已经揭不开锅了，哪里还得起租债。老人悲愤交加，重病之躯再也无法承受，满怀仇恨死去，去世时还不到60岁。雷新庭的含恨死去是雷家厄运的长索上打的第一个死结，继之而来的是更黑暗的死亡深渊。

雷锋的父亲雷明亮生于1907年，身材高大，头脑聪明，是雷家的独生子。雷新庭在他不满10岁时，就为他讨来年仅六七岁的小女孩张圆满做童养媳。他认为，在穷困之家，从小用白米喂大的媳妇才是牢不可破的婚姻。在1926年秋的湖南农民运动中，雷明亮参加了梭镖队，手持红缨长枪，威风凛凛地打起了土豪，不久就当上了自卫队长。那时敌人的力量非常强大，大革命很快失败了。所有“造反”的农民都成了富人的眼中钉，雷明亮作为队长成了被追捕的“匪首”，只好逃亡在外。几经辗转，他找到了一份差事，在“仁和福”油盐号做伙计。雷明亮勤手利脚，眼明耳聪，忠厚稳重，所以店主很快委他以“站店先生”这样的重任，给予他不错的待遇和薪金。1938年，日寇进攻长沙，国民党军节节溃退。为给日军留一座废城，国军火烧长沙。在兵荒马乱中，“仁和福”店主委派雷明亮到湘江边照看货物。溃败中的国军强拉挑夫，雷明亮就是其中一个，他跟国军讲理，遭到了溃兵的毒打，受了内伤，大量吐血、便血，失去了劳动能力，“仁和福”油盐号老板并没有同情他，反而解雇了他。

雷明亮只好回到了简家塘，带着伤病种田、

打零工、抬轿子，勉强维持妻儿老小的生活。1944年，日寇攻入了长沙，住在长沙市郊的百姓开始“逃反”，躲进偏远的山中，雷家也逃到了一个偏远的山沟里。为了解决“饥荒”问题，雷明亮想只身一人回家看看，期望弄点吃的。当他从蛇形山路中走出时，两个日本兵端着明晃晃的刺刀向他靠近，强拉他去做挑夫，雷明亮奋力挣扎反抗。日本兵把他平摔在地上，用枪托狠狠地打他，直到他口喷鲜血，昏死过去。雷明亮被抬回后，病情再也没有好转，身体虚弱到极点。雷家卖掉了所有的粮食衣物，买来各种药，甚至跑到庙中磕头烧香、求神拜佛，可是这一切都无济于事。雷明亮在1945年春天来临之际死去了，年仅38岁，留下了孤弱的妻子、两个未成年的男孩，加上一个尚在母体中不知是男是女的胎儿。

雷锋的哥哥雷正德，乳名再伢子，父亲去世时，他刚满12岁。穷人家的孩子早当家，作为家中的长子，他要顶起父亲去世后雷家塌下来的天，他告诉妈妈：“我长大了，要找点事做。”尽管妈妈千万个不忍，但是为了能找一条可能的生路，妈妈只好托人把他送到了离家几百里的津市，进了一家机械厂当童工。他每天和大人一样干十几个小时的活，体力精力彻底透支，整个人神志恍惚。不久，因为劳累过度，患上了“童子痨”（肺结核），整天干咳不止，瘦得皮包骨，已经很难在飞转的机器旁支持十几个钟头。在一个晚上，昏昏沉沉的他扑倒在机器上，被轧伤了手指和胳膊，鲜血直流。不能干活的童工很快被工厂辞退。他只好沿途乞讨，经过了七天七夜的长途跋涉，终于回到简家塘。进家门后，他全身从上到下都沾满了污垢，身体僵直，只有眼睛在转动。雷锋根本没有认出哥哥，吓得连声喊妈妈。妈妈认出儿子后，看到他瘦得像干柴，手和胳膊还用一块破布包着，一把抱住他，失声痛哭。等到妈妈情绪平静下来之后，就给小正德包扎伤口。当打开破布时，一股腥臭味扑鼻而来。原来，他的伤口没有及时清理，已经出现了溃烂。妈妈伤心欲绝，家里已经欠下很多债务，哪里有钱给儿子治病疗伤呢？万般无奈下，妈妈又一次烧香拜佛，希望自己的诚心诚意感动神灵，救救她可怜的儿子。可是，神灵似乎并不保佑穷人，由于得不到及时的救治，雷正德的伤口越来越恶化，肺病也更加严重，开始大口大口地吐血。1946 年，又是春天来临的时候，雷正德永远地离开了这个世界，他被埋葬在去世仅一年的父亲雷明亮的坟旁。

在失去爸爸又失去哥哥后，雷锋一家的生活更是没了着落。他的弟弟三伢子金满在贫困中得了病，高烧不止，再加上腹泻，只要清醒一会儿就哭饿，而食不果腹的妈妈早已没有了奶水。没钱治病，没饭喂养，没奶滋补，不到两岁，弟弟便死在了妈妈的怀中。

三年时间，爸爸、哥哥、弟弟接连死去，在雷家厄运的长索上打下了一个个死结。

埋葬了弟弟后，母亲带着仅有 6 岁的雷锋，拿着竹杖，挎起竹篮，出去讨饭了。雷锋的母亲名为圆满，但实为悲苦之人。她生于 1910 年，父亲是一个铁匠，虽然与人为善，纯朴厚道，但是家中极其贫困，无力抚养张圆满。她刚出生几天，家里就把她送进了外国人办的长沙育婴堂。当时育婴堂规定，只收留 5 岁以下的孩子，年满 5 岁，家人要领回去，如果家人不认领，育婴堂也不会再留，任人收养。张圆满满了 5 岁，家人却没有再出现过。当时简家塘附近一个姓杨的妇女，在育婴堂当奶妈，非常喜爱这个小女孩，就领回家去和自己的儿女一样养育。但是养到 6 岁也无力再抚养，便把她送到雷家给雷明亮做童养媳。公公雷新庭迫于生计，早已把自己的两个女儿送给别人家做童养媳，深知其中苦楚，所以以体恤之心善待张圆满，对她并无为难之处。张圆满与雷明亮从小一起生活劳作，青梅竹马，共苦共乐，在雷明亮 13 岁时圆房成亲。长大了的张圆满是一个眉清目秀、贤淑文静的女子，心灵手巧，做衣、织布、捻线、纺棉无所不精。同时有着很精巧的“湘绣”手艺，被乡邻尊称为“雷一嫂”。

雷一嫂和小雷锋相依为命，日子过得困窘到极点。为了还债，家里所有的东西都卖掉了，甚至睡觉的床。没有了床，她和雷锋就在地上砌几块土砖，取下房门板，搭在土砖上睡觉。住的破草房子，屋顶露着天，后墙倒塌，也无力修补。要是下雨天，外面下大雨，屋里就下小雨。雷一嫂怕雨淋湿了雷锋的小脑袋，只好拿着一个破脸盆罩在他的头上。又怕冻着他，就拿条破烂麻袋披在他的背上。冬天冻得实在没法，就用几捆稻草堵住风口，紧紧搂住小雷锋取暖。

生活的磨难使雷一嫂早已忘记她是一个善绣的湘女，但是老地主唐四滚子并没有忘记，雷家

祖辈都是他家的佃户。在雷一嫂的两个儿子死去不久，唐四滚子的一个女儿要出嫁，到处找能工巧手来做嫁妆，找到了雷一嫂的头上。东家唤她去，她不得不去，而且这也是一次挣口饭吃的机会，何况老地主还同意她带小雷锋去。到了老地主家，雷一嫂整天绣针不离手，还要做些洗衣做饭的家务活。几个月后，早已在打雷一嫂主意的唐四滚子的儿子“七少爷”，闯进房间侮辱了她。事后雷一嫂含冤辞工回家。回家后，她不吃不喝，少言寡语，常常背着小雷锋暗自流泪，有时还一个人到雷明亮的坟上痛哭一场。

1947 年中秋节，刘家祠堂门口上演皮影戏，有钱人家灯红酒绿、喜庆团圆。雷一嫂独自坐在自家茅草屋的窗前，小雷锋进门喊妈妈去看皮影戏。妈妈的泪水扑簌簌滴落在雷锋脸上、身上。她紧紧搂住雷锋，哽咽着说：“孩子，你还这么小，要是再没有了妈妈，你可怎么活呀!”小雷锋并不太懂妈妈的意思，抬头回答说：“妈妈，你别哭，等我长大后养活你……”听了这话妈妈哭得更厉害了，哭完后，妈妈用发直的眼神把孩子从头看到脚，长长叹了口气说：“孩子，看你小手小脸弄得这么脏，妈妈给你洗一洗!”妈妈打来一盆清水，把雷锋的手和脸都洗干净了，然后又脱下外衣，给小雷锋穿在身上，哽咽着说："穿上这件衣服吧，少挨些蚊子咬，往后妈妈就不能再疼你了，靠天保佑，你要自长成人。"小小的雷锋并不知道这是妈妈临终的嘱咐，更不知晓这个昏暗忧伤的夜晚就是他们母子生死离别的时刻。妈妈找了个借口把他托付给本家六叔奶奶照看，自己悄悄回到屋中。第二天一清早，当小雷锋跑回家时，看见妈妈已经悬梁自尽多时，他扑上去，抱住妈妈的腿，不住喊叫："妈妈，妈妈，你怎么了，你怎么了?"

雷一嫂自杀后，本家凑了些钱，埋葬了这位苦命的湘绣女。从这一天起，雷锋成了孤儿。

长夜待晓

雷锋成为孤儿后，本家的六叔公收养了他。六叔公的家境并不比雷锋家好到哪儿，依靠租种地主几亩田过活，家里常常吃了上顿没有下顿。好在六叔公除了种田外，还能演唱皮影戏。收留了小雷锋后，六叔公外出唱皮影戏时，都会带上这个本家小孙子。时间长了，小雷锋不仅能为皮影戏伴唱，自己也能唱几段，并且不怯场。为了

不给六叔公家增加负担，小雷锋常背着六叔公到远处去讨饭，晚上有时回不来就露宿在外。在家时就帮衬着六叔公干各种活，重活干不得，但拔猪草、放水牛、拾柴火、捡稻穗，递秧苗等活计，还是干得头头是道。当然 7 岁的孩子也有淘气、恶作剧之时。三叔雷明义在塘中打鱼时，小雷锋就站在岸上看，手却悄悄伸进鱼篓，用一条细细的枝条穿起一串鱼，夹在胳肢窝里走掉。然后，与小伙伴们聚在一起，用香樟树枝熏烧偷来的新鲜小鱼。有时，也与几个小孩嘁嘁喳喳一阵儿，然后在人们要经过的地方挖一个坑，尿上尿，用小树枝架平，撒上土拍实，人踩上去就陷落，尿水溅起好高。淘气的孩儿们却躲在暗处，看到这一幕，带着兴奋逃走了。孤苦中想妈妈、想哥哥的时候，他就拖起一支竹耙去耙柴草，然后坐在父母兄弟的坟前哭，躲到荒野中哭。

在这种酸酸辣辣的环境中成长，小雷锋明显早熟，爱思索，爱探究，反应敏捷，行为深沉。随着年龄稍长，偷鱼、挖尿坑陷人这种“孩子气”的恶作剧再也不做了。为了帮衬六叔公家，小小的雷锋担上扁担，握起利斧，和其他孩子一起进山去砍柴。砍柴是个力气活，也是个经验活。头几次砍柴回来都是满手的血泡，满腿的擦刮伤痕。但是时间久了，和小伙伴们砍柴时说说笑笑，做各种游戏，发现了其中的乐趣，也就不再觉得是苦差事。渐渐地近处可砍的柴不多了，孩子们决定到宁家冲的大地主“徐满料子”霸占的山上去砍柴，徐家山多、柴多，但是听说徐家婆娘非常凶恶，看见谁砍她家的柴就砍谁的手。小雷锋不太相信她真会砍下去，坚持要去，小伙伴们也就跟随而去。进了山之后，确实山大柴丰，一眨眼工夫就满载而归。那一天，小伙伴们又进山砍柴，小伙伴们砍的砍，捆的捆，捆好一担挑走一担，最后只剩下小雷锋帮助一个小伙伴在捆柴。这次凶恶的母老虎“徐满料子”的婆娘悄悄进山，老远看到山边茅柴被砍了一大片，她冲到小雷锋面前，伸手捉住他，声嘶力竭地大骂：“你们这些穷小子，敢偷老娘的柴，我可抓住你了！”地主婆膘肥体壮，8 岁的小雷锋在她手中拼命挣扎，怎么也脱不了身。在这种情势下，小雷锋并没有像一般的孩子哭哭啼啼地求饶，而是大声问道：“这山里的柴是吃露水长大的，为什么砍不得？”地主婆气得暴跳如雷，伸手去夺雷锋的柴刀，却遇到顽强反抗。她恼羞成怒，把

小雷锋一把推倒在地，夺过那把柴刀，在他的小手上连砍了三刀，鲜血汩汩不断地流出来。小雷锋忍着剧痛，向地主婆一头顶去，把地主婆顶翻在地，他乘机夺回柴刀跑回家。鲜血顺着他的手指滴落在山路上。六叔奶奶看着他血糊糊的手，也只能无奈地流着眼泪，一边咒骂徐满料子，一边拿黄草纸烧成灰，撒在小雷锋的伤口上。伙伴们也为他寻来各种草药，但是伤口还是感染了，溃烂流脓，他的手上留下了永远的疤痕。

六叔公渐渐地不能再出去演唱皮影戏，这使得本就艰难的日子雪上加霜，此时，六叔奶奶又生了一场病，全家人的生计更艰难了。小雷锋只好去地主唐四滚子家放猪，兼做零碎杂役。在唐家的日子，是雷锋一生挥之不去的噩梦，以至于此后在部队里“忆苦思甜”的时候，每讲到这段经历仍然痛哭不已。在唐家，他每天要照看 10 头猪，晚上没有地方睡，有时只能与猪一起睡，冷的时候贴在猪的肚皮上取暖。有一次打扫猪栏不干净，唐四滚子的婆娘把又小又瘦的雷锋狠狠地打了一顿。地主家只给雷锋四两喂猪的糙米吃。过节时地主家吃鱼吃肉，有时把肉喂狗，雷锋就捡了喂狗的肉吃，被地主家的狗腿子揪着他耳朵，都揪出了血，拖了出去不给饭吃。有一天，天已经很黑了，唐七少爷让他到六里外的张家酒店打酒。到了酒店，店主已经睡觉了，喊门喊不开，雷锋急得哭起来，店主才开门。雷锋已经一天没吃饭，在回去的路上摔了一跤，把酒洒了些。回去时，唐七少爷还坐在那里等酒喝，一进门就怪小雷锋回来晚了，打了他好几个耳光。当唐七少爷又发现酒不够时，硬说雷锋拿钱买糖吃了，一脚把他踢倒在地，摔得雷锋鼻子鲜血直流。当晚雷锋实在饿得受不了，只好到屋后菜园子里挖了几个地瓜吃了。第二天唐七少爷知道了，就用长骨刺刺雷锋的嘴巴、刺他的手，刺得他嘴巴直流血。1948 年 9 月的一天，唐家一只狗吃了雷锋做的饭，雷锋生气地打了狗几拳，被唐四滚子的婆娘看到了，她说雷锋“打狗欺主”，口口声声要打死雷锋，骂道：“这样的穷鬼打死十个少五双，死一个少一个!”亏得一个老奶奶说情，最终没有真的打死雷锋。但是第二天，雷锋就被赶了出去。

从地主家被赶出去后，他住在破庙里，每天吃野果山枣充饥。小雷锋曾经回过六叔公家，但是看着揭不开锅的一家人，实在不忍心再给六叔

公家增添一分负担，只好又一次离家出外讨饭，过着流浪的生活。他白天挨门乞讨，晚上就露宿在别人家的屋檐下、台阶边，由于蚊虫叮咬，满身起了红疙瘩，奇痒难忍。睡梦中用脏手抓破，结果皮肤红肿发炎，有的地方还流脓流血，尤其是腰上凸起了一个大包。走路时腰伸不直，晚上痛得不能入睡。由于疮痛难忍，小雷锋只好再次回到六叔公家，那时小雷锋已经被折磨得不像人样。六叔奶奶把小雷锋抱在怀里，老泪纵横地说：“伢子，看你瘦成这个样子，我真心疼，以后一家人就是一起饿死，也不许你再出门要饭了……”雷锋和六叔奶奶说起了疮的疼痛，六叔奶奶掀开他的衣服一看，大吃一惊，告诉小雷锋：“这是背花疮！可了不得，如果搞不好，就会丢命！”一家人围拢来，为他打水洗澡，然后把疮中的脓水挤出来，又请来了郎中，开了中药煎服。六叔公上山为他挖回了十几种土药，用砂锅熬了，内服外洗，每天四次。就这样六叔公和六叔奶奶护理了他一个多月，那疮才慢慢地好了起来，可是留下了一个永远的疤痕。

童年本来是一个人一生中最美好的时光，但是雷锋的童年却是在血与泪中煎熬着，受尽困苦、窘迫、饥饿折磨。他在暗夜中，一直等待光明的照耀。

翻身解放

1949年春，解放军的冲锋号在蛇形山、简家塘的上空嘹亮地吹响了。中国人民解放军以排山倒海之势直下湖南，解放了雷锋的家乡。长宁公路上，当解放军南下部队路过简家塘时，小小的简家塘沸腾了，乡亲们簇拥在公路两旁，为解放军搭彩门、摆茶水站、挥动小红旗、放鞭炮、敲锣打鼓。雷锋和小伙伴们在欢迎的人群中，又喊又笑又跳。当解放军队伍在简家塘宿营时，他像小大人一样，为部队打扫院子，收拾屋子，跑前跑后，忙个不停。解放军打开了地主的粮仓，把粮食分给穷人。往日紧锁愁眉的乡亲们，如今个个笑逐颜开。小雷锋觉得天变了，地变了，受苦受难的乡亲们也变了，仿佛一切都获得了新生。小雷锋的脸上泛出红亮亮的颜色，他听父亲生前好友彭德茂大叔说过，解放军是为穷苦人打天下的队伍，他把他们当亲人和救星看待，要为解放军多做些事情，甚至加入他们的行列。在一次接待一个连部住宿时，雷锋结识了一个比他大不了几岁的小通信员，向人家问这问那，还好摆弄人家的枪。夜深了，他也不愿离去。在摸着小通信员的枪的时候，他突然产生了一个大胆的想法：“我也要当解放军。”于是他就问小通信员：“你是怎么当的兵？”“志愿当的呗。”雷锋听了，忙问：“我也志愿行不行？”通信员笑了：“你？你还没有枪高，不能当兵。”雷锋说：“别看我小，我可什么也不怕。”雷锋用恳求的语调说：“你跟连长说说，把我带着吧！”“要说你去说吧，我可不去替你碰钉子。”小通信员说。小雷锋决定自己找连长申请参军。在部队开拔之前，雷锋来到连部，看到彭德茂大叔和很多乡亲都来送行。他勇敢地走到连长面前，朗声说道：“连长叔叔，我要跟你当兵！带我走吧！”连长看着小小的雷锋，笑着问他：“你为什么要当兵啊？”小雷锋流出来了眼泪，说：“给我枪，给我妈报仇……”连长沉默了，彭德茂大叔叹了口气，对连长说：“这是苦水里泡出来的一棵苗啊！”小通信员也不由得替雷锋说话：“连长，带上他吧，生活由我来照顾。”连长拉过小雷锋的手，听了彭大叔讲他的苦难身世后，深情地说：“我们都是苦出身啊！你的仇，我们会替你报，不过你还太小，前方正在打仗。在本地党组织的领导下，你可以参加征粮支前、清匪反霸的斗争，这也同样是替受苦受难的人民报仇呀！”小雷锋心里明白了许多，可是，他又说：“本地也有共产党吗？”连长指了指彭大叔，小雷锋惊讶地瞪大眼睛，他并不知道和爸爸当年一起抬过轿子的这位彭大叔在长沙解放前夕就已经秘密加入了共产党，为解放军提供了很多有用的情报。没想到这位最亲近的人就是共产党，小雷锋一下子扑到彭大叔面前，天真地说：“那，那我就参加共产党！”大家哈哈大笑起来，小通信员拍着雷锋的肩膀告诉他：“参加共产党要18岁以上哩！你还不上10岁哩！”小雷锋嘟起嘴抱怨：“那我参加什么呀？”彭大叔耐心地劝导他，告诉他可以参加儿童团，扛红缨枪，像他的爸爸在大革命时期一样，小雷锋高兴起来。连长从自己的衣袋里抽出一支钢笔，放在雷锋手里，说：“把这支笔送给你好好学习，你先在乡里参加儿童团吧，将来长大了再参军，保卫和建设咱们的新中国！”这是雷锋第一次要求参军，虽然未能如愿，但是参军成了他心里的一个情结。10年后，他在鞍山钢铁厂要求参军的韧劲儿与百折不回，正是这种情结的一个爆发。

长沙解放不到两个月，在旧中国受尽了苦难的人民迎来了新中国的诞生。1949 年 10 月 1 日，毛主席在北京天安门城楼上，向全世界宣告：中华人民共和国中央人民政府成立了。中国人民从此站起来了！全国人民一片欢腾。在这举国欢庆的日子，雷锋参加了儿童团，扛起了红缨枪。他每天不是到村口去放哨，就是跟着民兵叔叔到财主家去征购粮食支援前线，没白天没黑夜，但是却从不感到疲倦。小雷锋觉得世道确实变了，变得那么美好，那么称心。

一天，彭大叔兴奋地告诉雷锋：“孩子，替你爸爸、妈妈报仇的日子来到了！”轰轰烈烈的斗争地主的运动开始了，贫苦的农民扬眉吐气，地主、恶霸受到了应有的清算。小雷锋当了儿童团团长，他和小伙伴们一起，昼夜监视地主的活动。他看到过去欺压穷人的地主，现在低下了头，心里感到一种从未有过的痛快。在诉苦大会上，小雷锋手握红缨枪，登上大会的高台。地主恶霸被押上台来，受尽剥削压迫、奴役之苦的农民埋藏在心里的仇恨，像火山一样迸发出来。他们纷纷跳上会台，倒苦水，追穷根。租子、劳役、高利贷以及地主残害穷人的种种血腥罪行，一桩桩、一件件被揭露出来，台下的哭声此起彼伏。小雷锋听着乡亲们的控诉，不禁想起了自己的身世。当那个“徐满料子”的婆娘被押上台的时候，雷锋再也抑制不住心中的悲痛，几步冲到地主婆的面前，伸出被砍的手，晃动着发亮的伤疤，愤怒地问：“地主婆！你认识这些疤吗？我们穷人上山砍几捆茅柴，你凭什么不让？你凭什么用刀砍我！你还敢不敢再砍它三刀？”小雷锋义愤填膺，说着说着流出了眼泪，把积在心头多年的苦水，一股脑儿地倒了出来。

乡亲们振臂高呼：“打倒地主！”“打倒恶霸！”“血债要用血来还！”喊声惊天动地，山呼海啸。曾经不可一世的唐四滚子也吃了枪弹。雷锋流着泪真诚地喊出：“共产党万岁！”他开始懂得是共产党把他从死亡中救了过来，一个翻身解放的儿童的爱与憎在此刻奠定，爱党、爱毛主席、爱解放军，恨旧社会的剥削者、压迫者，这种爱与憎永生不变，真诚刻骨。

激烈的斗争后，开始分田、分地、分房、分粮。在分地的时候，按照政策，雷锋作为孤儿分得了两份土地（二亩四分田），后来农会又对他做了照顾，增加了一份，同时，还分给他一间住房、衣服及床、蚊帐、锅、箱子和钱等。小雷锋分得的田，开始是由他的三叔雷明义经营，后来由生产互助组代耕。平时，雷锋的零用钱也由乡政府负担，所有这些是雷锋做梦也没有想到的。雷锋和所有贫苦农民一样，第一次有了属于自己的土地，有了自己的住房。他回忆着酸辛的过往，自豪地感到自己真正是生活的主人了。从那时起，他就下定了决心，要“跟着毛主席一辈子”，这个决心鼓舞他奋斗了短暂而灿烂的一生。

第二章
回乡做新时代的农民

学子岁月

1950 年夏末的一天早上，太阳映着简家塘的塘面，塘边上已是安庆乡乡长的彭德茂大叔带着小雷锋匆匆走着。彭德茂作为小雷锋爸爸的生前好友，像对待自己的儿子一样关照小雷锋。这一天早上，他要送小雷锋免费上学。小雷锋穿着新衣服，背着新书包，跟着彭大叔走进了回龙塘小学。回龙塘小学的班主任李杨益接待了彭乡长和小雷锋，小雷锋圆圆的脸上荡漾着喜悦的神色，浓黑的眉毛下，一双有神的大眼睛东瞧瞧、西看看，显得格外机灵。李老师看着他可爱的模样，温和地问他："叫什么名字？""雷正兴！"雷锋爽利地回答。"雷正兴"是彭大叔决定送他上学时

给改的学名，“正兴”寄托了彭大叔无尽的期望。李老师接着问：“几岁了?”“快 10 岁了!”“想上学吗?”“老师！我想上学，想读书!”“好！从今天起，你就是学生了，希望你好好学习。”从这天起，小雷锋开始了学习生活。彭大叔抚摸着他的头，殷殷嘱咐着：“庚伢子，过去穷人家的孩子要进学堂是不可能的，现在你可要发奋读书，学习本领，为建设新国家出力。”这些话让小雷锋感同身受，过去眼巴巴地看着地主的儿孙去上学。多少次，上山砍柴路过学校门口，听着里面传来的琅琅读书声，自己也非常渴望读书，可是学校是不会收一个分文没有的孤儿的。如今，自己也能上学了，小雷锋兴奋得一夜没睡好。第二天一大早，就背着书包跑到学校。“李老师!”他很有礼貌地叫道，李老师很吃惊：“啊！雷正兴，你怎么来得这么早？快点进来呀!”“老师，我今天特意早来，请您教我写‘毛主席万岁’!”小雷锋年龄虽小，但却是一个真诚的有心人，他过上了吃饱穿暖并能上学的好日子之后，知道最该感谢、最该永世不忘的救星就是毛主席，要学写的第一句话就是“毛主席万岁”，这种对党、对毛主席的感恩早已深深扎根在他幼小的心灵之中。

小雷锋在学校里每门功课成绩都是优秀，语文、算术、音乐成绩尤佳。但他不是一味地死学习的孩子，他的品学兼优以及日后的许多品质与行为在学生时代已见痕迹。1951 年美帝国主义发动朝鲜战争，党中央号召“抗美援朝”“有钱出钱，有力出力”时，学校召开大会动员捐献，小雷锋站起来发言：“我只有叔叔给我的两角压岁钱，我不买糖果，也不买玩具，现在拿出来支援朝鲜，打倒美帝国主义!”10 年后，他在鞍钢当工人，在抚顺参军时，又多次倾其所有进行捐献，为公社、为灾区、为困难的工友、战友及他们的家庭。

回龙塘小学在黄花塘岭下，道旁就是黄花塘粮仓，经常会有送粮的农民拉着车子奋力爬山，十分艰难。每到下课的时候，小雷锋就守候在道旁，一见有车子上坡，赶忙跑过去帮助推。在学校里，他每天都勤手勤脚地抹桌、擦凳、扫地、挑水。

三年级的时候，雷锋转到上车庙小学，不久又转学到天顶乡向家冲小学读书。雷锋的家离这所学校有十六七里路，路远的同学大都在学校寄宿，他却一直坚持走读，因为可以帮六叔公家里干点活。这样一来，雷锋每天天蒙蒙亮就要启程，

夜幕降临后才能回到家。但是无论是刮风还是下雨，他从不迟到、旷课。他最喜欢听黄继光、邱少云、刘胡兰等英雄的故事，经常在作文中写道：“我要向英雄学习，长大了全心全意为人民服务。”十年后，他在日记中写道：“人的生命是有限的，可是，为人民服务是无限的，我要把有限的生命，投入到无限的为人民服务中去……”这篇箴言式日记是他长期对人的生命意义思考的结晶。

学校里成立腰鼓队，招募机灵、漂亮、有节奏感的队员。雷锋个子太矮，因为怕影响队列整齐，第一次选拔时老师没有考虑他，他很着急，再三向老师请求，说：“老师，腰鼓队又不是只打一天两天，打着打着我就长高了嘛!”老师笑了，看着他可爱的样子，最后同意了。进了腰鼓队后，他成了最活泼的积极分子。下课、放学都敲着桌子、打着书包，练呀练，跳呀跳，很快成了最有节奏感、最有音乐感的腰鼓队员。每次校外活动，雷锋都是军乐队的成员。个子矮就当背鼓人，心甘情愿地背着一面皮鼓，昂首阔步地走着。一次去烈士陵园，小雷锋背着大鼓。辅导员看见这个小个子学生累得满身是汗，忙派一名同学来替换他背鼓。但是小雷锋坚持不换，说：

“打鼓的任务我已经领下来了，应该由我来完成。”就这样，他背着十几斤重的大鼓，走完了30多里路。

1954年秋天，清水塘完小五年级考生发榜，雷锋榜上有名，考上了这所学校。在那个年代，方圆几十里只有一所完小，考上完小，就是乡中的秀才，亲戚邻里都感慨地祝贺雷锋“中举了”。1955年上学期雷锋又转到荷叶坝小学读书，辗转两所小学，才读完了高小。雷锋之所以频繁转学，主要因为当时小学很少，而且条件很差，为了读完小学，雷锋共换了五次学校。清水塘小学开学不久，区共青团委员会在学校试点建立少年先锋队，雷锋被挑选为第一批“种子”队员。在雷锋的光荣史上，加入少先队是他政治进步的一个重要起点。在举行建队、宣誓仪式的这一天，小雷锋穿着干净的蓝裤子、白衬衣，精神抖擞地走进学校礼堂。当辅导员把红领巾戴到雷锋的脖子上时，他很兴奋、很激动。暗暗发誓：一定向英雄学习，用实际行动让红领巾永不褪色。

加入少先队后，雷锋积极参加各种宣传和文体活动，他的音乐和表演才能有了更出色的展示。一次，荷叶坝小学和推山完小联合举行文艺

联欢晚会，礼堂里灯火通明，座无虚席。演出前，大家互相拉歌，互不相让，歌声、掌声、欢呼声，此起彼伏，一浪高过一浪。班里的文体委员凌小俐在这种热烈气势中快要支撑不住了，雷锋就顺势接过指挥棒继续指挥唱歌，迎接挑战。为了使演出更丰富多彩，推山完小提议各校再加一个节目。荷叶坝小学事先并没有准备，老师非常着急。这时小雷锋突然拉起凌小俐，跑到老师面前建议："老师，我们再演那个《小锯子》吧？"《小锯子》是雷锋和凌小俐在自己的学校里多次表演过的一个节目，用这个节目救场，无疑是一个好主意，老师立即同意了。两人在演出时驾轻就熟，手拉手，边唱边舞："小锯子，亮光光，咔嚓咔嚓亮光光；你来我往忙又忙；我来你往忙又忙……"引得全场观众以有节奏的掌声相应和。

当时中央提出"严重的问题是教育农民"的指示，在地方大力推广科学种田，使用"肥田粉"，学校为了配合这种宣传，决定排演一出小型地方花鼓戏《盆式秧田》。雷锋是全校公认的有才能、有文艺天赋的人物，剧中那个科学种田的青年突击队队长理所当然由他担纲了。学校成立了专门领导小组主抓这个剧，还指派音乐教师担任导演，要在“六一”儿童节向学生家长和各社农民汇报演出。雷锋接受这个任务后非常兴奋，排演时热情高涨，很快就熟悉了剧情，进入了角色，唱腔、道白、一招一式练得非常协调准确。“六一”儿童节那天，学校里人山人海，观看演出的学生和农民高兴得像过节一样。小雷锋油彩盖脸地上了戏台后，当鼓乐笛箫一响，观众也热情呼应，一场小戏演得有板有眼，看演出的人在台下指点着说：“庚伢子长大了一定会当演员，唱个名角。”

在学生时代的各种演出中，雷锋也有“男扮女装”的时候，那是清水塘小学和荷叶坝完小的一次联合演出。荷叶坝完小要排练一出哑剧《小渔夫》，描写一个老渔民在海边捕鱼，日本兵发现后抓捕了他，还要侮辱他的女儿，而女儿奋力反抗日本兵，最后投奔了抗日游击队，走上革命道路。这出剧是哑剧，只能用动作、表情表达剧情，难度很大。更难办的是日本兵强暴女孩的那一出戏，没有一个女生愿意担当此任，排练陷入了尴尬的状态。在这种情形下，雷锋站出来，表示他可以反串女角。排练老师虽然很意外，但是看到雷锋那张秀气的娃娃脸与坚定的目光，心头

一热，看到了这出戏成功的希望。演出时，又是人山人海的场面，熟悉雷锋的同学和老师知道，这又是雷锋释放光芒的时刻。但是，知道雷锋饰演小姑娘的人并不多。等化妆后的雷锋一出场，观众对着这个似曾相识的“小姑娘”非常疑惑，实在认不出到底是学校里的哪个女孩。到了渔民爸爸被捉，小姑娘面临日本兵的侮辱那一节了。一个惊人的但令在场观众兴奋的场面出现了，“小姑娘”突然变成了像花木兰、穆桂英这些女英雄一样骁勇无比，拿着一根船篙像金枪一样舞动起来，带着呼呼声打向鬼子。“鬼子”吓了一大跳，拔腿就跑，一直跑到后台，而“小姑娘”竟然也追到了后台，仍然舞动船篙“横扫一切”。老师们护着“鬼子”，拦着“小姑娘”，大喊：“雷正兴，停下，这是演戏。”有的观众还追到了后台看究竟，剧情的临场改变让人解气又解恨。同时人们也在或点头或摇头的叹息中，想起他的苦难家史，某种程度上理解了雷锋的疾恶如仇。

在各种文娱活动中，小雷锋都是出头露面的“场面人”：不怯场，不造作，不遗余力。几年后，在钢铁厂、在部队、在抢险现场，每当需要有人站出来带领大家调节气氛，激发干劲的时候，雷锋都是那个“场面人”“小指挥”。雷锋 7 岁成为孤儿，自幼饱受地主欺凌，尝尽世态炎凉，但是这些悲苦并没有让他封闭自我，反而性情开朗活泼，多才多艺，而且对人对事充满热情。

1955 年下半年，乡里开展扫盲运动，一时找不到老师。雷锋知道后，和同学商量，决定晚上帮社里办夜校。夜校的教室设在一家老乡的堂屋，“学生”都是旧社会没有机会上学的小伙子和大姑娘。雷锋每天放学回家，吃过晚饭，就催促那些比自己大许多的“学生”来上课。雷锋很会做“先生”，夜校没有固定教材，他就把农民常用字、农村俗语编成顺口溜，“李一婶插秧，一天二亩”“钟二叔打车子，一车二百斤”……慢慢地乡亲们识字了，原先不识数的乡亲们能拨打算盘了，乡里也有了自己的小文书、小会计。

雷锋经历了苦难与厄运，从困苦、孤弱中走来，深深懂得援助的珍贵，不遗余力地对需要之人伸出援手。有一年，雷锋的家乡发了洪水，通往雷锋就读小学的一座石桥被洪水淹没了，虽然淹得不深，但要过去还是有些危险的。个子高的高年级同学挽起裤腿，忍着河水的寒意，还是可以过去的。但是一、二年级的小同学就比较为难

了，看着漫过石桥的河水就觉得害怕，谁也不敢过河。雷锋虽然比他们年龄大，但是个子并不高。在这些不知所措的小同学面前，雷锋油然而生出一种责任感。他走到小同学面前，对他们说："我来背你们过河吧。"小同学们看着这个个子不高的大哥哥，都担心他没有力气背他们过河。雷锋看出了他们的担心，拍拍胸脯说："放心吧，肯定能把你们一个个都背过去的。"小同学们你看看我，我看看你，还是相信了这个大哥哥。小雷锋挽起裤腿，弯下腰，让一个小同学趴到他的背上，感觉小同学已经趴稳了，他才小心翼翼地踏入河水中。河水冰凉，冻得他的腿有些发麻发疼，但他不敢松懈，小心地一步步向对岸走去。等雷锋将几个小学生都背到对岸的时候，他已经累得出了一身汗。

黄花塘下坡处的一条路在暴雨过后，总是被冲刷得坑坑洼洼，行人、车辆很难通行。小雷锋就邀集了几个同学，一起去垫补这条路，挑土的挑土，运沙的运沙。小雷锋成了泥水匠，将沙子与泥和匀，填补在洼坑里，用锄头夯实，每一场雨后，乡亲们都能看到这个瘦小的身影在忙活。

小雷锋虽然个小体弱，但是他从不示弱，学

校里开辟新操场，分配任务时老师让他挖土，他发现大个子同学都在挑土，便要求挑土。老师说挑土太沉了，你挑不动。他就挑给老师看，满满的一簸箕土，他颤颤巍巍挑起来，疾步而走。班上有学习差的同学，他主动去交朋友，积极热心辅助。同班有同学患了疾病不能上学，他就主动到家里给补课，百教不厌。

有一次，一位叫陈玉林的老爹砍完柴下山时，一跤跌倒在地，雷锋看到后飞跑过去，将陈老爹扶起，帮他把柴捆好，又帮他挑着柴火送回家。陈老爹自跌伤后再也没去砍柴，可是却发现柴垛一天比一天高起来。陈老爹很纳闷，终于有一天陈老爹“抓到”了雷锋，他背来几捆柴正往柴垛上放，陈老爹这才明白过来。他赶紧请雷锋进屋喝茶，雷锋温和地说：“我还要回去复习功课呢！”

雷锋上进、谦虚，有很多优秀的品质。但是作为孩子，也有淘气可爱的一面。有一次，上学的路上，雷锋和另一位同学遇到了一位拉车的老人，板车上装有几百斤重的东西，而且路很难走。车走到了一段坡道上，老人非常吃力，雷锋喊同学一齐跑上去，帮老人推着重车，一直推到下坡路地段。老人感动地说：“真是好伢子！”因为推车走得太慢，雷锋和同学上学迟到了。老师平时虽然偏爱雷锋，但当着全班同学的面还是批评了他们，并罚他们到办公室里待着。办公室正好有一张住校老师的床，两人在床边坐下来，因为一路急着向学校跑，两人都气喘吁吁，满头大汗。忽然，雷锋走到办公室的门边，向外看了一下，淘气地对同学眨眨眼，说：“咱们睡一会吧？”同学因为犯错误受罚，心里一直慌着，并不理解雷锋的意思。而雷锋走到床边，往上一躺，闭上了眼睛，还假装打呼噜。同学吓唬他，虚张声势地咋呼：“老师来了！”雷锋说：“这时间老师不会回来的，我们听下课铃。”同学一听有道理，而且推了半天车子，加上急忙奔跑，也确实累了，躺下就睡着了。在迷迷糊糊间，雷锋猛然推了同学一把，两人赶紧爬起来。老师已经到了办公室门口，看两人直直地站着，脸上和气了许多，但是仍然批评道：“雷正兴同学，你平时表现很好，今天怎么会迟到呢？怎么回事？”他们说明了推车的事，老师听了后心疼地说：“哎呀！你们怎么不早说？”雷锋笑着说：“老师你也没有问呀！”老师愣了一下，马上点头说：“是这样呢，是这样……”再上课的时候，老师表扬了雷锋和他的同学，当然不知道还有睡觉这样的插曲。

1956 年荷叶坝小学第一届第一班高小就要毕业了，全班 47 名同学，绝大多数都想升学，考望城一中。这时，《新湖南报》以头版头条大字标题推出《向冯健同志学习》的文章。当时中国农村正处在社会主义改造的大变革时期，刚刚成立的农业合作社缺会计，缺文书，缺识字教师。出于形势的急需，上级号召具有高小文化程度的学生下农村参加工作。冯健在高小毕业后响应党的号召，回乡参加农业生产，成为全县著名的“养猪姑娘”，多次被评为“湖南省劳动模范”。雷锋读完文章后，对人生的选择有了方向，他曾发表感言：“我毕业后要参加农业生产，向冯健姐姐学习，建设新农村！”7 月 15 日这一天，学校为高小班举行毕业典礼，典礼上鞭炮齐鸣，隆重热烈。在校长、班主任、教师代表、学生代表发言后，未被安排发言的雷锋突然走上讲台，即席发言：

> 亲爱的老师，同学们！我们高小毕业了，大家很高兴，感谢党，感谢毛主席，感谢辛勤教育我们的老师。毕业后，我们当中不少同学要升入高一级学校学习更多的知识，更好地建设祖国。但我要响应党的号

召，去当新式农民。因为我是农民的儿子，多亏了共产党和毛主席的英明领导，才使我们翻身成了国家的主人，有了上学的机会，过上了幸福的生活。今天小学毕业了，我一不报名考初中，二不到城里当工人，甘心情愿回到家乡，做一名新时代的农民，把学到的知识奉献给社会主义农村！同学们，让我们在不同的岗位上竞赛吧。

对于雷锋的即席发言，人们一时没能听懂他的意思，在人们印象中，雷锋成绩非常优秀，考上望城一中是板上钉钉的事情，即使万一考不上，他作为孤儿，也会保送他。但是在人们听懂了他表达的心声之后，台下响起雷鸣般掌声，有人喊起了口号："向雷正兴同学学习，到家乡建设新农村！""雷正兴是好样的！是我们的好榜样！"10 年后，全中国唱响了《学习雷锋好榜样》，当年毕业典礼上的"榜样"口号竟然成了一个预言。

在前途的选择上，雷锋并未从自身利益考虑，而是从社会需要，从能充分发挥自己、释放自己能量的角度出发进行自我选择。放弃学业，过早地进入社会，雷锋并不后悔，他认为，在社会这所大学里同样能学到知识。当然，也有他的感恩意识，他作为孤儿不想让人民再出钱供给他，他想早些自立，早些报效乡邻、政府、社会，尤其是共产党的那份“恩情”。

在雷锋这一届的毕业班中，有 30 多名同学考上了望城县一中，而雷锋则回到了简家塘村，开始了他做“新式农民”之路。他在学校里仅系统学习了 6 年，但是学习却贯穿了他的一生，无论在什么境地，无论在什么时候，他从未放弃过学习。

县委公务员

雷锋离开荷叶坝完小后，回到简家塘，打算做“新式农民”。起先做了一名记工员，后来又让他协助会计做工作。雷锋工作起来兢兢业业，每天从早到晚总是跟社员们一起下地干活，而到了晚上，村里人已进入梦乡的时候，唯独他的房间亮着光。他利用晚上时间整理账目，在他手里，账目管理得有条有理，分文不差。不久，在彭德茂乡长的帮助下，乡政府调雷锋去当通讯员。在新的岗位上，雷锋每天忙忙碌碌：送信、传话、接待客人、接电话、泡茶、抹桌、打扫卫生。除了完成本职工作外，他还要在院中拔草、

种菜，到厨房帮忙，给同志读报纸。只要能干的活，都会主动去搭把手。乡政府门前有个困难户，乡里给过救济，雷锋也捐助过。但是每当看到那家人，雷锋还是很难受，他就在送信的途中，捡一把稻谷穗送过去，拾一根柴火棒送过去，捡一些人家不用的边角布料也送过去让人家补衣服。不管何时，看到处在困境中的人，雷锋总是感同身受，尽自己的能力去帮助。

1956 年 11 月，雷锋的工作又一次发生了变动。望城县县委原通讯员参军入伍，急需一个新同志顶替通讯员工作。那时的望城县路况不好，交通不便，县里需要靠通讯员来传达文件。为了缓解通讯员缺少的情况，望城县领导派了组织部黄干事去物色一个合适的人来担任这个职务。黄干事来到安庆乡，在一群年轻人中，注意到雷锋个子虽然是最矮的，但是圆圆的脸蛋上时刻笑容可掬，举止中显出几分机灵，言谈中又带一点幽默，心头一亮，心想这不正是一个通讯员的合适人选吗？黄干事是一个年轻的女干部，便像一个大姐姐一样有意同雷锋交谈起来。她询问雷锋家里的情况，雷锋伤心不已，便把自己的几本小册子拿来让她看，册子里面写满了雷锋经历的种种苦难和遭受的种种折磨，黄干事看完后，内心久久不能平静。这时雷锋带着几分恳求，也带着几分焦虑对黄干事说："黄大姐，请你一定要帮忙给我介绍一个工作，我不愿一个人待在屋里，我还要参加革命工作，报答毛主席和共产党的恩情。"黄干事非常高兴雷锋也有出来参加革命工作的意愿，但是担心他的个子太矮小了，组织上是否会同意录用？当彭德茂乡长回来后，黄干事把看中雷锋的情况同他交换了意见。彭乡长大力赞扬她选准了人：一是雷锋确实是棵好苗子，靠得住，又勤奋。二是如果选了雷锋就做了件好事，因为他孤身一人，生活不便。带着对雷锋的赏识，也带着对他的同情，黄干事回到县里，向县委书记张兴玉汇报了雷锋的情况，张书记有点疑惑矮小的雷锋是否能担任通讯员工作，黄干事提议："能不能试一下，先把雷锋放到你身边做公务员呢？"张书记同意了。16 岁的雷锋带着简单的行李，正式到望城县委机关报到，开始了他的公务员、通讯员、机要通讯员的岁月，里外忙碌，马不停蹄。

作为县委公务员，主要是负责县委书记张兴玉的生活起居事宜。雷锋初见张兴玉书记时有些

紧张，怯怯地叫了一声“张书记”，囧相十足。但他与张书记及其家庭很快建立了深厚的感情联系，张兴玉书记在他的思想发展历程中发挥了人生导师的作用。五年后，雷锋在《沈阳师范学院的报告》中，讲了张书记对他的关照：

> 冬天，张书记给我买了一件皮衣、手套。有一次我和他下到望岳乡，我生了病，张书记给我打洗脸水，给我做面条，安慰我，我非常激动。在旧社会看到一个乡官，还挨过打，今天县委书记还对我这样好，像父亲一样！我能够在县委机关工作，真是做梦也想不到。党无微不至地关怀我，还送我到干部文化学校学习，张书记还买给我一本《怎样做一个有共产主义道德的人》。首长对我这样无微不至的关怀，我下定了决心好好工作。……

张书记像父亲一样关爱雷锋，从生活上、政治上关心、培养他，两人之间的感情也越来越浓厚。张书记外出开会或下乡总是将雷锋带在身边，经常给他讲些革命斗争故事，而雷锋也总是向张书记请教一些问题。有一次，雷锋问张书记："您是北方人，北方的地主也和南方的地主一样坏吗?"张书记说："一样，天下乌鸦一般黑，大同小异。"雷锋又问："张书记您是怎样的家庭出身?"张书记多次听过雷锋的身世，想借助这个问题，对这个懂事、好问、好学的少年也诉诉自己的苦。他专门抽了一个晚上的时间和雷锋交谈，声音低沉地说："你家在湖南望城，我家在山西五台县，我们是一条藤上的苦瓜。我家是贫农，父亲 11 岁、叔父 9 岁那一年，爷爷得伤寒病死去。卖了三斗小米把爷爷埋了，父亲便带了叔叔去讨饭，后来奶奶也出去，讨下的窝窝头晒干磨成面。后来，奶奶到地主家去当保姆。1937 年卢沟桥事变后，我参加了村里抗日先锋队，那一年 18 岁，后来当了队长。1940 年，我 20 岁加入了中国共产党……""那您怎样入的党?"雷锋忙不迭地提出这个他始终关心的问题。张书记说："组织部门叫入的，还要宣誓。"小雷锋点了点头，若有所思，张书记亲切地说："你好好努力，实现一个革命人一生的三个光荣目标，在已经成为少先队员的基础上，争取早日入团、入党。"一老一小，两个忘年之交促膝而谈了大半夜。

雷锋喜欢读书，除了生活费外，其余的钱都

买书了。跟着张书记下乡，他也常常随身背着一包书，《毛泽东选集》《董存瑞》《黄继光》《刘胡兰》《赵一曼》等，边看边思索。有问题就在晚间休息时请教张书记。一次看完《沙漠追匪记》电影后，雷锋又问张书记：“国民党的军队比共产党多得多，怎么会打败了呢?”张书记告诉他：共产党是因为得了民心，达到了军民团结共同对敌的局面。从某种意义上讲，解放军的胜利是“小车推出来的”！雷锋又一次明白了，军与民，官与民，原本就要有一种鱼和水的关系，无论是军队还是党和领导人，都要全心全意地爱人民，人民才会真心实意地拥护他。张书记也有考考他的时候，有一次问他：“小雷，毛主席在开国大典上说‘中国人民从此站起来了’是什么意思?”雷锋想了很久才回答：“从前是趴在地上，现在站直了腰!”张书记说：“对！原来是叫帝国主义、封建地主、资产阶级压趴在地，现在站在大地上，还要一步步往高处上呢!”在张书记指导下，他又读了很多新书：《钢铁是怎样炼成的》《把一切献给党》等，他此时的阅读面已经非常广博。除书本知识之外，张书记以及其他老同志又给他讲了“八一”南昌起义、井冈山的斗争、红军两万五千里长征、抗日战争、解放战争时期的故事。雷锋是一个容易动情的孩子，听着听着就流了泪。他发现许多英雄原来也是普普通通的人，只是因为心中有一个崇高的目标，坚定不移地跟党走，把党和人民的利益看得高于自己的生命，才变成书中、故事中的英雄的。

雷锋尽管还是十六七岁的少年，尽管只是高小的学历，但他已经渐渐明白了革命、意志、英雄、军民等概念的真正含义。他的思想在不断成熟，理论高度在不断提升。张书记的言传让雷锋的思想与理论走向成熟，而他的身教则让雷锋有了做人的榜样。有一次，雷锋跟张书记走在下乡的路上，走着走着，忽然看到路上有一颗螺丝钉，他上前踢了一脚就走开了，张书记看见了，却不声不响地走过去，弯下身子把螺丝钉捡起来，抹去尘土看了看，然后装进了衣袋。雷锋当时觉得奇怪：一个县委书记捡一颗螺丝钉干什么。过了几天，雷锋被派到机械厂送信，张书记掏出那颗捡来的螺丝钉，说："明天你到工厂去，顺便把这个交给工厂吧，别看它小，机器上少了它可不行。就像你这个公务员，别看职务不高，我们的工作缺了你也不行！"雷锋看了看张书记，

这才明白了张书记把它捡来的用意。就是这颗小小的螺丝钉，在雷锋心中留下了终生难忘的记忆。后来，在雷锋日记里有过多次对“螺丝钉精神”的辩证分析。他在1960年1月12日的日记中写道：

> 虽然是细小的螺丝钉，是个微细的小齿轮，然而如果缺了它，那整个的机器就无法运转了，慢说是缺了它，即便是一枚小螺丝钉没拧紧，一个小齿轮略有破损，也要使机器的运转发生故障的。……尽管如此，但是再好的螺丝钉，再精密的齿轮，它若离开了机器这个整体，也不免要当作废料扔到废铁料仓库里去的。

1962年4月17日的日记中他又写道：

> 一个人的作用，对于革命事业来说，就如一架机器上的一颗螺丝钉。机器由于有许许多多的螺丝钉的连接和固定才成了一个坚实的整体，才能够运转自如，发挥它巨大的工作能力。螺丝钉虽小，其作用是不可估量的。我愿永远做一个螺丝钉。螺丝钉要经常保养和清洗，才不会生锈。人的思想也是这

样，要经常检查，才不会出毛病。我要不断地加强学习，提高自己的思想觉悟，坚决听党和毛主席的话，经常开展批评与自我批评，随时清除思想上的毛病，在伟大的革命事业中做一个永不生锈的螺丝钉。

螺丝钉精神从那时起就在雷锋心里扎下了根，他对自己从事的任何工作从未想过它会给自己带来什么利益，只看自己做的事，无论大小，社会、人民是否需要，是否有益。雷锋当公务员时，县委工作的同志大多数是干部，而在交通班工作的同志全是职工编制。交通班工作辛苦，没白没黑，有的同志常发牢骚，要求换工作。雷锋的编制也在交通班，但他从未关心过所谓的“编制”问题。他还经常对有牢骚的同事热情开导：“我们都是为人民服务的，在这个社会里，人人为我们，我们为人民。革命工作分工不同，当官、做工、种田都是为人民，没有贵贱之分！”此种理解与境界正是螺丝钉精神的演绎。

雷锋干工作认真严谨，为县委、为张书记传送的机要文件及时、准确、严格保密，从无差错。而且，他对要完成的任务总是会提前做好功课。望城县大湖乡是当时县委经办的养猪点，领导经常去检查工作。一天，张书记通知雷锋：“明天去大湖乡养猪点看一看，清早动身凉快，早些起来走！”雷锋答应着，但是心里有些不安，因为前几天听说谷山有老虎出没，谷山就挨着大湖乡，万一遇上老虎，后果不堪设想。为保证张书记的安全，他左思右想，直到半夜也还睡不着。夜里 3 点，他悄悄下床，决定自己往谷山走一遭，探探路。谷山四周夜气沉沉，万籁俱寂，几十里走完了，也没看见老虎。等返回县里时，天已放亮。张书记找他吃饭，发现他两脚都是泥，一副刚从外边回来的样子，经过询问才知道他深夜只身走了一遭“虎山”。一些人听说这件事后，开玩笑地问他：“怕不怕被老虎吃了？”他笑着说：“不怕是假的，但首长的安全更重要嘛！”几年后，当雷锋成为一名汽车兵时，他驾驶汽车在荒山野岭执行任务，同样事先都要勘探好路段情况，这种办事思维与方式是他从少年时代就形成的。

1957 年 2 月 8 日，这一天对雷锋来说是个难忘的、永远值得纪念的日子。他加入了中国共产主义青年团，同时被评为县委机关的工作模范，这是他政治进步的又一里程碑。入团宣誓后，他非常激动，特意去照了一张相，照片上的他头戴青色呢帽，身着蓝色列宁装，胸前佩戴着圆形白底红字的“中共望城县委员会”的证章，容光焕发，微笑满面。此后，在他人生的每一次进步与变化之时，他都会拍张照片记录自己。作为年轻人他非常喜欢照相，把自己的每一个难忘时刻通过照片留存下来。

入团后，经过团组织的谈话与引导，雷锋时刻严格要求自己，进步很快，新生活燃起了他更强烈的求知欲望。为了今后更好地工作，他决心为自己进一步做好文化上的补充与准备，当然这种文化补充与准备贯穿了他短暂的一生。他如饥似渴地读了很多的书，而读书的时间主要靠“钻”与“挤”。几年后，他在日记中写道：

> 一块好好的木板，上面一个眼也没有，但钉子为什么能钉进去呢？这就是靠压力硬挤进去的，硬钻进去的。由此看来，钉子有两个长处：一个是挤劲，一个是钻劲。我们在学习上，也要提倡这种“钉子精神”，善于挤和钻。

雷锋在此时已经开始践行“挤”与“钻”的劲

头与精神，“钉子精神”看起来不起眼，但真正做到后，就会发现其中蕴含着巨大的力量。雷锋在学历上仅仅是高小而已，但是此后的人生道路中，他通过广博的阅读，达到了很高的理论水平，形成高于常人的思想境界与人生理解，这些都是通过“钉子精神”实现的。为了提高机关干部的文化水平，县委机关开办了业余文化补习学校。每次上课，雷锋都跟着机关干部一起去听，很少落课。由于经常跟随张书记下乡，雷锋出发前总是先到学校中“领课”，明确下一节的学习内容，带上书到乡下自学。不仅如此，他还是县新华书店的一位常客。县新华书店就在县委机关隔壁，出门就到。当时书店开办借书业务，雷锋办了个借书证，常去借书。他借阅的范围很广，政治理论、青年修养、文艺作品等无所不包。对刘胡兰、董存瑞、黄继光等英雄人物的故事，以及像《浮沉》《钢铁是怎样炼成的》《牛虻》等中外名著，更是爱不释手，并随时写些读后感，立志向书中描写的英雄人物学习。他读书的时间主要在晚上，其他同志已入睡，他仍在读书。有一次，为了不影响同室的室友休息，雷锋把电线牵到床上，用枕头压住灯泡，再用被子罩住看书。没多久，一股焦煳味弥漫了整个屋子，另两位室友被呛醒了，就喊雷锋，叫他检查哪里着火了。雷锋这才发现电灯烧着了他的枕头，赶紧抱歉地扑灭了火。

1957 年 10 月 29 日，望城县委、望城县人民委员会做出“关于整治沩水尾闾洪道及围垦团山湖”的决定。沩水河流经望城县，是湘江的一条支流，常常闹水灾，两岸的百姓深受其害。治理沩水是一项意义重大，造福于民的大工程。张兴玉书记起初考虑到这项工程体力劳动量大，舍不得派雷锋去，雷锋就一连几次递交申请书，坚决要求参加这一场改造自然的斗争。在他的强烈要求下，县委同意分配他去给治沩总指挥赵阳城书记当通讯员。起初，他对通讯员这个角色还不太高兴，在他想象中，治河要拿锹挖土，当个通讯员与在县委有什么区别？当他真正干起这份工作时，他才真正明白这份工作的意义。工地 11 个大队，2 万人马，摆出了 20 里的长蛇阵势。无论刮风下雨，冰天雪地，白天黑夜，他每天都把《治沩工地报》和通知及有关文件分送到 11 个大队，然后把各大队的情况及时收集起来送到指挥部。当时，工地上的条件非常艰苦，雷锋住在一个临时搭起的小工棚里，十几个人挤住在一起。有时

到各大队送完通知回来，赶不上热饭，雷锋就开水泡冷饭，找点剩菜吃起来。有个民工关心地对他说："小雷，你在机关多舒服呀，何苦到这里来遭罪。我们和你不一样呀，我们是本地农村的，沩水河年年为害，不修不行啊。可你在机关，吃得好住得好，来这里犯得着吗？你真是有福不会享。"雷锋回答说："我们干革命工作，不是为了个人享福，要为更多的人造福，才是真正的革命者。"那个晚上，雷锋在笔记本上写道：

以革命的名义，想想过去；
以革命的精神，对待现在；
以革命的志气，创造未来。

治沩工程开工不久，赶上了连雨天。沩水河乘着狂风暴雨，水位不断上涨，堆积在工地的器材随时有被洪水吞没的危险。在大雨之中，工地指挥部紧急动员机关干部和邻近村庄的民工，抢运国家财产。指挥部领导叫雷锋和几个女同志留下值班。同志们出发后，雷锋却怎么也待不住了，趁几个女同志没注意，他冒雨向停放器材的工地奔去。这时洪水已经溢出河岸，淹没了道路，雷锋奋不顾身地涉水赶到工地和同志们一起抢运浸在水中的器材，把它们转移到安全地带。那场暴雨后，新堤突然决口了，治沩工地立即组织青年突击队抢险，雷锋跟随青年突击队员们一道去完成堵口的任务。决口处有七八尺宽，水深浪大，流速很急，堵口任务非常艰巨。雷锋和突击队员们一起奋战了半夜，终于堵住了决口，保住了国家的财产。此后，他在团山湖农场抢险，在鞍钢抢救水泥，在部队抗洪，拼的是一样的心劲，发挥的同样是集体为重的精神。

由于雷锋在治沩工地上各方面表现突出，他被评为模范积极分子，并且奖给他一件印有"治沩模范"大字的绒衣，这件绒衣现收藏于湖南雷锋纪念馆，绒衣是深蓝色的，上面"治沩模范"几个白色大字因为时光的侵蚀已染为暗黄色，但是却记载下了雷锋当年的热情、激情与光荣。

农场拖拉机手

1958 年春天，望城县委决定在根治沩水河的基础上，进一步围垦团山湖，开办一个国营农场。团山湖地处沩水河与八曲河之间，是一片沼泽地，常年湿乎乎，湖草丛生，土地肥沃，能把这片荒芜沉睡的湖沼地变成鱼米之乡，正是当地

人世代盼望的事情。当时，新中国成立不久，百废待兴，经济十分困难，为了购买将来农场使用的拖拉机，县团委发出捐款的号召。县直机关干部和全县青少年积极响应，雷锋更是不甘落后，把自己一年多积蓄的所有财产20元钱，一分不留地拿了出来，全部送到团支部。在这次捐献活动中，雷锋是全县青少年捐款最多的一个。此刻，他也向县委一再提出申请，要去农场开拖拉机。但是张兴玉书记舍不得让雷锋走，有些领导、同志也劝他“还是在县委，跟张书记好”！可是雷锋本着内心的激情，本着青春的理想，要到最有挑战性，社会最需要的地方去。比起县委安逸稳定的生活，驾驶拖拉机在荒原上驰骋，也许才最能让雷锋释放生命的能量，实现人生的价值与意义。

由于雷锋的执着与决心，他的“下放”申请最终被批准了。他来到刚刚筹建起来的农场，万余亩沉睡的土地正待开垦，春耕的战鼓已经擂响。季节催人，任务紧迫而又繁重。拖拉机一开进农场，雷锋就勤学苦练起来。他跟着驾驶员陈师傅学开拖拉机，陈师傅性格内向，脾气倔强。平时更是不吭声，不理人，总是冷着脸。雷锋聪明好学，一切都小心细致，出工走在前，下工走在后。陈师傅休息时，他就先擦机器，注满机油，拧紧螺丝。收工之后，鞍前马后，随时待命，晚上休息时，还为师傅打洗脚水。久而久之，陈师傅被感动了，开始实心实意、耐心细致地向这个小徒弟传授技术。雷锋更是求知若渴，每天一清早，他都第一个来到拖拉机旁，检查机器是否完好，油箱、油管有无泄漏，提前做好出车的准备，等师傅一到，发动引擎就可以出车。上工后，随师傅出车，一边给师傅当农具手，一边认真学习驾驶技术。收工后，他还坐在驾驶位上，回顾一天出车的情况，模仿师傅的驾驶动作，领会技术要领。晚上回到宿舍，他就坐在灯下，认真阅读有关拖拉机的构造、维修保养和驾驶技术的书籍。雷锋在日记本上记满了“拖拉机性能”“拖拉机驾驶规则”等技术要领。农场办公室方干部看到他日记本上记录的“十五条规则”，有意考考他，让他一条条背诵，不是从第一条开始，而是从第五条提问，雷锋一一背诵，几乎一字不差。方干部不甘心，又问所背内容何解，雷锋侃侃而谈，让方干部心悦诚服。

雷锋学开拖拉机已经到了痴迷的程度，有一次，雷锋收工回来，在食堂一边吃饭，一边还在

琢磨驾驶。他把脚踏在桌子掌上，做着踩离合器的动作，双手拿着碗筷左右摆动，就像转动着方向盘。同桌吃饭的伙伴们看见了，冲他开玩笑说：“哎！你们看，小雷把拖拉机开进食堂来了！”大家一见都笑了。雷锋用“挤”的精神读书，用“钻”的精神学习开拖拉机。功夫不负有心人，雷锋仅仅学了一个多星期，就可以单独试车了。在试车成功的当晚，雷锋写下了一篇散文《我学会开拖拉机了》。这篇散文描述了他对党的感激之情和刻苦学习拖拉机驾驶技术的体会以及成功的欣喜与激动。

当我第一次爬上拖拉机驾驶台学习的时候，我真高兴地要跳起来。我坐在驾驶员的身边，专心地看他怎样操作，怎样转弯，怎样发动汽油机……老陈一面驾驶，还一面告诉我操作方法和各部分名称，我一点一滴都记在脑子里，并写在日记上。这几天，我总是睡不着觉，起来又去学习，只想早一日学会，早日为祖国出一点力量。

学习了一个星期，懂得了一些操作方法和基本知识，老陈就让我试验驾驶，他真的让出座位，站在一旁指点我。我一坐上驾驶台，心跳得很，生怕开不动，别人会讥笑；又怕没有力气，转不动方向盘；还怕刹不住车，就更糟。我的心情既紧张，又快活，手脚都不由自主地颤抖起来。老陈对我说：“不要怕，要放勇敢些！”这时，我才把油门加大，把离合器向上一推，拖拉机嘎嘎地开动了。可是，拖拉机总不听我的指挥，走弯路。开了一会儿，我不怕了，心也跳得不那么厉害了，手脚也慢慢地不发抖了。这时，拖拉机也听我使唤了。在这个时候，我的心情又是多么喜悦呀！我回头望望，看到那可爱的肥沃土地，很快地被犁翻了，仿佛看见了一大片绿油油的可爱的庄稼。

……我在想，今天这样幸福，不是党的培养，又是哪里来的呢？我一定要以实际行动，来报答党对我的亲切关怀和照顾。一定努力钻研，勤学苦练，克服一切困难，忘我地工作，争取做望城县的第一个优秀的拖拉机手。

这篇散文几天后发表在《望城报》上，文字干净、洗练，特别是学开拖拉机的一段描写，使人如临其境，让我们感悟到一个真实的、一个在学习过程中也会感到紧张、害怕，有着好奇心的

雷锋。雷锋的写作才能在此已崭露头角。

雷锋成了望城县第一台拖拉机的第一个驾驶员，在全县青年建设社会主义积极分子代表大会上，雷锋还向代表们做了驾驶拖拉机的示范表演。雷锋把拖拉机视作珍宝，视作生命。初夏的一天，下了一场暴雨。八曲河水猛涨，新修的大堤随时有被冲垮的危险，农场内洪水横流，到处白茫茫一片，淹没了大部分土地和庄稼。当时为了不误农时，雷锋和师傅轮流驾驶着拖拉机昼夜翻耕，歇人不歇机。仅仅用了 3 个月时间，在全场职工的努力奋战下，就把 1 万多亩荒地全部开垦出来了，如今全被淹没了。这天下午，雷锋正冒着狂风暴雨和同志们一道抢险排洪，突然听到有人喊："停机场进水了！"雷锋一听，吃了一惊：拖拉机还在停机场呢，可不能被水淹了。他赶紧朝停放拖拉机的地方奔去，只见洪水已经漫到车轮边了。他立即跳上驾驶台，把拖拉机发动起来，开向一块高地。雷锋返回场部吃饭的工夫，洪水越涨越猛，拖拉机虽然已停放在高地，他仍放心不下，只扒了几口饭，又匆匆背上工具，提上一盏马灯，去守护拖拉机。这时通往停机场的道路已经水深几尺，天黑无法辨认，涉水过去是很危险的。他灵机一动，转身跑回场部，背来一个大木桶放在水里，又找来一根竹篙子，想坐上去把大木桶当作小船撑过去。但雷锋从来没有划过船，加上风大水急，他撑来撑去，大木桶就是不听使唤，在水中不停地摇晃颠簸。岸上有些人看到后，连忙冲他高喊："小雷，快回来，危险!"可是雷锋此刻想到危险的不是自己，而是他的拖拉机。他咬紧牙关，使尽全身力气，左转右撑，累得满头大汗，终于把大木桶撑到了停放拖拉机的高地。他把大木桶拴在一块大石头上，马上奔向拖拉机，拖拉机离水还有一段距离。雷锋马上把油布揭去，这里敲敲，那里摸摸，看看机件完好无损，又试着发动了一下引擎，从响声中听不出有什么毛病，这才如释重负地吁了一口气。坐在驾驶台上，雷锋看着翻滚滚的洪流，心想：万一洪水继续上涨，就威胁拖拉机的安全了。所以他就一直守护在拖拉机旁，随时做好转移的准备。第二天上午，洪水已整体退去，雷锋把拖拉机开到场部，同志们见他双眼都熬红了，关切地说："小雷昨晚熬了一夜，快休息吧!"雷锋不以为然地一笑，说："我不累!"然后跳上驾驶座，发动马达，把拖拉机开上机耕

道，又开始了新的一天的劳动。

雷锋在团山湖垦荒时，这种与洪水搏斗的故事不胜枚举。在洪水中抢救拖拉机之前，1958 年 5 月，雷锋和同志们就上演过“涵管排险情”的故事。那年 5 月份，山洪暴发，沩水是湘江的支流，水势也开始猛涨。人们开始担心刚修起的沩水大堤是否经得住洪水袭击。很快农场民兵队李队长接到急报：“篦子塘的涵管穿了，河水灌进团山湖大垸里了!”李队长赶紧带着人冲向险区，浊黄的河水从大堤根部冒出来，冲向稻田。而河面上，在涵管处形成一个箩筐大的旋涡，江面上漂流而来的杂草和树枝一到旋涡就立即沉下，再也不见浮出，情况十分危险，必须立即堵住涵管。李队长赶忙通知技术队，而技术队的人一时赶不过来。塞涵管是一项最危险的抢险工作，塞管人必须潜入三四米深的水底，用灌好泥土的草袋塞住管口，稍有差错，人就有被吸进涵管里的危险。技术队没有赶到，只有派“敢死”人员潜下水救急。这时雷锋说：“我下!”说完，一下子就跳了下去，一个浪头打过来盖住了他，好一会儿才露出水面，连呛了几口水。李队长喊道：“小雷，快上来，危险!”周围会水的小伙子受到感染，纷纷说："让我来!"李队长让雷锋在水里递木桩。等技术队的人赶到后，大家一齐动手，涵管终于堵住了。雷锋虽然水性不好，但是他无私无畏的精神却感染了所有的人。

在沩水河边，在八曲河边，在团山湖，雷锋与洪水搏斗，与自然搏斗的故事一次次上演着，他的热情、激情和才情比河湖还要深广。

雷锋的激情与才情在写作上亦有所展示。他有过想当作家的梦想，为此阅读过大量的各类文艺书籍，他有一本关于文学创作的学习笔记。记满了各种学习与思考片段，比如：

> 诗歌包括：骚、铭、赋、民歌、古诗、绝诗、律诗、词、散曲。
>
> 民歌特点：语言精练，含义深远，内容丰富，押韵，易于上口，易于流传。
>
> 诗的形式分为两种：叙事诗和抒情诗。这两种诗的区别：
>
> (1) 叙事诗是描写人物的动态现象。
>
> (2) 抒情诗是抒发作者的情感。
>
> 民歌文艺手法：
>
> (1) 对照：
>
> 如：牛出力来牛吃草，东家吃米我吃糠。

（2）比喻：

要说天，天最大，我们的干劲比天大！

（3）夸张：

孟姜女哭倒万里长城。

他在学习笔记里把所学所想归纳起来、记下来。同时，他的创作学习笔记里，不仅有理论的学习与记录，对好的文学片段也要抄录。比如大篇幅抄录了艾明之的长篇小说《浮沉》中的人物描写。除此之外，雷锋也有自己的练笔，比如他在笔记的后半部分写下了这样一段类似小说的文字：

随着夜的降临，雨也下来了，开始是几颗雨星，渐渐增多，变大，一会儿就变成倾盆大雨了。天黑得伸手不见五指，两个人相对碰着鼻尖也难看清脸面。在这样滂沱的雨夜里，路上一个行人也没有，已是下半夜了……天晴了，雨后的早晨分外爽快，大地散发出潮润清凉的气息。太阳出来了，一层淡淡的朝霞，照耀着一片新生气象。而山根下的那条河流，雨水冲着泥沙，后浪推着前浪，正在急急忙忙地向西奔流。当母亲吃过早饭……

句子到此处断了，不知而后所云。不过能够

感受到雷锋对于自然的观察很细腻，文笔上对于大自然的描写已经比较成熟。他创作的第一篇成型的完整的小说有一个非常诗意的名字《茵茵》，茵茵是一个女孩子的名字，讲她作为青年突击队队长在大建设大生产中几乎献出生命的事迹。作为小说，它远远不如他在小练笔中对大自然的感受与描写，它缺乏文气，缺乏剪裁，也缺乏匠心，但是文如其人，小说中人物从容的、忘我的奉献，忘我的集体主义精神正是雷锋本人的写照。

除了小说，写得更多的还是诗歌。在那个年代，有激情有理想的青年总是喜欢用诗歌来诉怀，雷锋就是这样的文艺青年。到了团山湖秋收的季节，雷锋在田间散步时看到沉甸甸的稻穗一片金黄，昔日荒芜的团山湖经过农民的辛勤劳作，现已变成米粮川。燕子在农场上空飞翔着，雷锋灵感奔涌，文采勃发，写下了抒情诗《南来的燕子啊》：

南来的燕子啊！
新来的候鸟，
从北方飞到了南方，
轻盈地掠过团山湖的上空，
闪着惊异的眼光。
我听清了呢喃的燕语，

像在问："为什么荒芜的团山湖，
今年改变了模样？"

南来的燕子啊！
让我告诉你吧，
团山湖这片未开垦的处女地，
是由于党的巨大力量，
才围垦成一个新的农场。
是他们——农场的工人们，
用勤劳的双手，
给团山湖换上了新装。

南来的燕子啊！
也许母燕曾向你说过旧时的形象。
往日的团山湖——
湖草丛生，满目荒凉，
洪水一到，一片汪洋，
十年前有人三次收款，三饱私囊，
围垦团山湖只是一个梦想。
如今的团山湖啊——
良田万顷，满垄金黄，
微风吹过一片稻香。

新修的长堤像铁壁铜墙，
洪水已再不能称凶逞狂。
红旗插在社会主义的农场，
到处是谷满仓、鱼满舱，
祖国又添了一个“鱼米之乡”。
……
南来的燕子啊！
你是这样轻快地飞翔，
许是欣赏这美丽的景象：
蜿蜒的八曲河像一条白银管，
灌溉这片肥沃的土地，
团山湖与乌山对峙，
是天生成的一幅屏障。
这景象是诗情也是画意，
活跃在这诗画般怀抱里的工人，
更是些生龙活虎般的健将。
……
南来的燕子啊！
你不用再寻旧时代的屋梁，
无论你飞到哪里，
再也找不着你从前住过的地方。
去年这里是荒凉的地方，

今年变成了高大的厂房，
欢迎你到新的农场宿舍来拜访。
但得请你告诉我，
你可知道你所飞过的地方，
……
新建了多少这样的农场？

在这首长诗中，雷锋已经懂得经营“诗眼”，将寻觅温暖的“南来的燕子”作为自己感情、决心和理想的载体，形式凝练，情感饱满，俨然一首成熟的诗歌创作了。后来在治理沩水工程的数月间，他写下了七首诗歌，在诗歌创作上又有了新的收获。其中《啄木鸟》称得上是一篇诗情中蕴含哲理，音韵中搏动着的诗的心灵篇：

把自己当作啄木鸟吧！
用辛勤而艰苦的劳动，
为万木除病灭害，
使树长得挺拔参天！
绿化原野，
造福人类！
千万别把自己比作鹦鹉鸟啊！
成天只会学舌别人，

为少数人——富豪们，权贵们
赏心悦目，
对广大的劳苦大众，
不给一丁点什么，
不做些微贡献。

——1958 年于团山湖农场

雷锋的诗歌并没有现代诗歌的那些暗示、朦胧与晦涩，而是借助物象抒情言志，所以读他的诗歌，更重要的是感受一种直抒胸臆的激情、热情与品质。

除了文学创作，雷锋在团山湖农场时已经开始记日记。他深得“日记”之要领，或者记一天中有突出意义的事，记全、记深、记好，或者记事时，写出自己的感受和理解。《雷锋日记》今天已成为一份宝贵的精神遗产，不仅记录了他短暂的生命历程，更展示了深刻的“雷锋精神”。雷锋的人生之路并没有与文学创作这个梦想重合，而是成了优秀的工人、战士，但是“当作家”一直是他未完成的梦想，所以他一直没有放弃写作，一直到他生命的终结，他都在用笔记录着生活的点点滴滴。

雷锋内心涌动的热情与激情使他见了什么新

鲜事物都想了解，都想学。1958 年春天，团山湖农场刚刚建立的时候买了两匹马，一匹是大白马，一匹是小黄马，用来拉犁种旱粮，农场特意请了一个老倌子来饲养。雷锋很羡慕人骑在马上的威武，就想学骑马。老倌子怕摔伤他，坚决不允许。有一次，趁老倌子不在，雷锋偷偷地跨上小黄马的马背，小黄马欺生，拼命颠跳，把他狠狠地摔了一跤。为此，老倌子还告了雷锋一状。等农场有了拖拉机，两匹马就“失业了”。青年职工都想学骑马，胆大的几个跨了上去，但还没等扮出威武相，就被烈性的小黄马摔了下来，引得人哄然大笑。雷锋心里痒痒的，而且现在骑马也是“合法”的了，他的胆子更大了，排开众人，威风凛凛地说：“看我的!”说完勒住缰绳，纵身一跃，跨上马背。因为被摔过，所以格外小心，夹紧马腹，抓紧了马鬃毛，好像很老辣的样子。但是小黄马实在太烈了，它向前猛跑几步，突然来一个直立。被颠起的雷锋直直地摔落在马下，在众人哄闹中，雷锋一瘸一拐地爬起来，发誓说：“你们不要笑，我非学会骑马不可!”笑完了，闹完了，谁也没把这发誓当真，这只不过是一种娱乐。但是雷锋却下了真功夫，他去请教饲养员老倌子。老倌子已开始喜欢上雷锋，觉得这小子实在有趣，又好学上进，便诚心地告诉他驯马的经验："是马三分龙，性子都烈。烈是烈给生人的，对于它一面不识的人，一见面就想骑它于胯下，它很烦，口里说不出，不想法儿摔你个脆的才怪呢！你要想骑它，就要讲交情，就像处朋友一样，关心它，养护它，'羊马比君子嘛'！除了是个哑巴，心思与人一样！"听了这番话，雷锋很受启发，老倌子为他传授的不仅是一种驯马经验，更是一种处世经验，要得到友爱、感情，就先要付出友爱、感情，对畜、对鸟、对马、对人无不如此。从这之后，雷锋每天利用休息时间，牵着小黄马去吃草，帮它梳毛，和它说话，照顾它饮水……不久，雷锋和小黄马成了朋友，小黄马的眼光中带着柔情。在一个傍晚，雷锋小心翼翼试着再一次跨上了小黄马的马背，小黄马轻轻地踏着绿色的草地，沿小河走起来。在几次回头看过它的骑手后，小黄马开始慢跑，颠出了节奏。下班的农场工友们发现后，兴高采烈地欢呼起来，追着观看。雷锋轻柔地吆喝一声"驾"，小黄马快速地跑起来了，雷锋晕晕地感觉自己在草原上飞，场长、队长、团书记、工友都在后面喝彩。学会骑马后，雷锋就包揽下农场五个工区的通信任务，在一整天的拖拉机“铁牛”上劳作之后，又骑在马背上飞驰，又潇洒又惬意。

雷锋是一个爱说爱动，生气勃勃的人。农场的劳动繁重而艰苦，收工后，一般人都躺在床上休息，很少关心别人的事。可雷锋却不休息，经常到厨房帮着洗碗、切菜、扫地，吃完饭帮助收拾饭桌。他的衣兜里，随时都揣着书和报纸，一有时间，就拿出来阅读。晚上，别人都睡了，雷锋还坐在煤油灯下读书，或者记读书笔记。他喜欢唱歌、讲故事，在田野里，在住的那座老祠堂里，经常可以听到他愉快的歌声。他的这种活泛劲、热情劲使他有很多有趣的故事。夏季的一天，望城县二中女篮得了全县女子篮球赛冠军，团山湖农场也有一个女子篮球队，听到这个消息后不服气，邀请二中女篮去比个高低。农场的女青年不多，当打到下半场时又被罚掉了两个，场上凑不够五个人了。正在发窘的时候，农场女队的姑娘们一齐叫喊：“雷正兴上！雷正兴上！”不管愿意不愿意，几只手就把他揪了上去，好在二中的女生也并无异议。雷锋当上了女队替补队员，他留个“刘海儿”，穿着红背心，快步地跑去，远远一看还真像个“妹子”。在全场的欢笑声中，这位个头与女队员相仿的小伙子活跃于女队员之间，或投篮或拼抢，比女队员还技高一筹。整个球场的气氛非常活跃，所有的观众几乎都吼叫着为他加油。但是，农场女队还是输给了二中，终场时，双方队员握手致意。雷锋冲着对方队长说：“你投篮蛮准，不过只赢了我们三分，不算英雄。咱们下次见。”对方女队长瞥了他一眼，有些不屑地说：“下次谁还跟你打呀!”双方队员事后一提起这场球赛都忍不住哈哈大笑。

1958年秋季，团山湖农场万亩土地获得了大丰收，在这丰收的果实中，饱含着雷锋的劳动与汗水。望城县的土地养育了雷锋，雷锋也用自己的激情、热情、才情回报着这片土地。而在这个时候，远在东北举世瞩目的钢铁之城——鞍山派人来招收青年工人，这个消息让雷锋对生活升腾起新的向往。

第三章
你为未来带来了什么

北上鞍钢

雷锋在团山湖农场时，农场的生产生活条件比较艰苦，有些青年嫌这里条件差、收入少、没前途。雷锋在 1958 年 6 月 7 日的日记中对此写下了自己的看法：

……如果你是一滴水，你是否滋润了一寸土地？如果你是一缕阳光，你是否照亮了一分黑暗？如果你是一粒粮食，你是否哺育了有用的生命？如果你是一颗小小的螺丝钉，你是否永远坚守在你生活的岗位上？如果你要告诉我们什么思想，你是否在日夜宣扬那最美丽的理想？你既然活着，你又是否为未来的人类的生活付出你的劳动，使世界一天天变得更美丽？我想问你，为未来带来了什么？在生活的仓库里，我们不应该只是个无穷尽的支付者。

雷锋喜欢读《钢铁是怎样炼成的》，小说中那段至理名言“人最宝贵的是生命，生命对每个人只有一次，这宝贵的生命应当怎样度过”，雷锋尤其喜欢，他多次用这段话劝慰过自己很多处于困苦中的好友。“你为未来带来了什么？”雷锋用诗一般优美的语句向自己发问，表达了对于生命意义的思考与回答。这种叩问在生命的每一个选择点，都在潜移默化地影响着雷锋。他一直在主动选择人生之路，选择一种能充分发挥自己、释放自己生命能量的人生之路。他的发挥与选择确实如他所写：滋润了所到过的每一寸土地，为未来的人类的生活付出了劳动，使世界变得美丽。

当鞍山钢铁公司派人来招工时，雷锋和他的伙伴张建文一起报了名。鞍钢招工目标非常明确：一般城镇的无业青年和乡村中的青年农民都可应招。而像雷锋这样拥有很好的工作、很好职务的人应招远离家乡，在望城县招收的百名青年工人中绝无仅有。这种选择意味着他丢掉过去曾

有的一切本钱，一切从头开始。农场领导舍不得让他走，他是农场刚刚培养出来的拖拉机手，是工作中的模范，是在群众中威信很高的共青团员，怎么舍得让他走呢？所以，农场领导婉言劝阻他：“小雷，你这么年轻，又孤孤单单的，更何况那里的条件艰苦，环境恶劣。跑到离家那么远的地方工作，真的能行吗？”雷锋坚定地回答：“谢谢您的关心，我一定能照顾好自己。我选择去鞍钢工作，我觉得那里更需要我。”那些同他朝夕相处的青年伙伴，对他的离去更是恋恋不舍，有的吓唬他说：“东北可冷了，听说那里撒泡尿立刻冻成冰，我们南方人去了怕受不了啊！”雷锋不以为然地说：“我才不信呢，南方人在东北的多得很，没听说冻死哪个。再说，鞍钢需要我们去，县委也支持我们去，你们就不要挽留我了。”

在和好友张建文去填表报名的路上，雷锋向张建文提出了关于自己要改名的想法，他说：“‘雷正兴’这个名字是彭大叔给我起的，希望我家道兴旺，运道兴旺，现在，我兴旺了，家乡也兴旺了，需要我站得更高，看得更远了。这几年，我常走金山、乌山，觉得名字叫个山，叫个峰很有意义，现在趁报名的机会改过来吧!”张建文说：“那就是高高的山峰了!”雷锋说道：“还有一个想法，现在‘钢铁元帅升帐’，全国人民大炼钢铁，我想去鞍钢当工人，就要与钢铁结缘，还要表现我争先锋，打冲锋的心愿，我觉得改成先锋的‘锋’字很好！带了个‘金’字旁嘛!”张建文连声称赞：“改得好！改得好!”在招工登记表上，雷锋不再写“雷正兴”，而是第一次写下了“雷锋”这个名字。

雷锋真的要走了，他和农场的伙伴们互相鼓励，依依惜别。那些朝夕相处的伙伴们，有的拿出日记本请他签名留言，有的找他促膝谈心，有的帮他收拾行装，有的送来柑橘、点心和纪念品。在众多送行伙伴中，也有很多女性送上了真挚的祝福。雷锋眉清目秀，性格热情，积极、聪敏、优秀，使他很有女孩缘，受到女孩子的喜欢。雷锋喜欢读书，有一个专门的藤条编的箱子来装书，农场的女孩子常常借他的书看。工作之余，男女青年讨论“卓娅和舒拉”等故事，雷锋见解独到，评价精辟，常常使一群青年伙伴折服，也让一些女孩子倾慕有加。同时，雷锋心思缜密，常常在女孩子需要的时候，像“及时雨”

一样出现。

那时，农场的水塘离驻地较远，女孩子只好结伴到塘中洗衣服。空旷的野湖滩中，静寂无人，只有星月，洗衣服的女孩子有些害怕，细心的雷锋总是适时出现在水塘边。和洗衣服的女孩子说说话，为她们唱歌、讲故事。一个夜晚过得热热闹闹、快快乐乐。在交往的女伴中，对雷锋离开故乡感到最怅惘、最失落的也许就是黄丽了。黄丽是农场供销社的营业员，比雷锋大一点，闲暇时间总是去找“雷弟弟”，“雷弟弟”对这个姐姐也是关照有加，黄姐姐生病，弟弟三番五次问长问短。两人性格相投，做什么都在一起。1958 年春夏之交，团山湖农场发了大水，农场场部在山头，被水围成孤岛。许多小动物如老鼠、蚂蚱、蚯蚓、蛇等为了求生都跑到“孤岛”上。黄丽来找雷锋，不是踩了青蛙，就是绊了水蛇，常常吓得一惊一乍、大呼小叫，在这种情况下，雷锋总是要“保驾”，一路相随送“姐姐”下山。姐姐下山时偶然碰到小动物就下意识地紧紧抓住弟弟的手臂，不敢放开。那个时代，这种情形是一种天大的稀罕，周围人见了总是要嘁嘁喳喳一阵。农场的领导听到这种“牵手”议论，出于爱护雷锋的目的，让农场团支部书记孙大姐找雷锋了解情况。孙书记找到雷锋，开门见山地问："小雷，你最近常和黄丽在一起吗？"雷锋双眼一亮，立即反问："你不是常见到吗？"孙书记接着问："你是不是爱上了她？"雷锋眉毛一扬，朗声回答："我爱全国人民，还能不爱黄丽？"听了这种辩解，孙书记一时语塞，然后乐得哈哈大笑，从雷锋的口气中她得知，他们还没到恋爱那样的关系，如果是那样，坦荡磊落的雷锋会勇敢承认。作为老大姐的身份，她还暗暗希望这样美好的故事能发生。

当得知雷锋要走时，黄丽在雷锋一本日记的扉页上写了一篇长长的"临别赠言"，这篇赠言情感热烈，但又似乎竭力克制着什么。

亲如同胞的弟弟—小雷：

你勇敢聪明有智慧有前途有远见思想明朗，看问题全面，天真活泼令人可爱，有外在的美和内在的美，对任何同志都抱着极其信仰的态度等等。这一切结合起来，真算得我心爱的弟弟，忠心的朋友。

弟弟！你值得人羡慕的还多着哩！是青年中少有的，在建设社会主义中是有很大贡

献的。

弟弟：干劲和钻劲使你勇往直前，希望你在建设共产主义中把你的光和热发遍全中国、全世界，让人们都知道你的名字，使人们都热爱你和敬佩你。弟弟，希望你实现姐的理想，在临别之前，要把我内心的千言万语说完是办不到的，我是不愿意与弟弟离开的，祖国钢都需要你和等着你呢！弟弟前进吧！你前途是伟大的，是光明的。姐因文化太底（低），不能把我内心想说的都写出来，只好就此亭（停）笔。

祝你愉快！

你姐　黄丽乱草

1958年11月9日

黄丽从女性的角度，敏锐地看到雷锋“外在的美”和“内在的美”的相结合，“把你的光和热发遍全世界，让人们都知道你的名字，使人们都热爱你”，此种热忱的希望也是一种令人称奇的预言。当雷锋到了东北后，黄丽因为工作频繁的调动，与雷锋的关系也中断了。

雷锋在离开家乡前，特意约了几个伙伴乘汽车来到韶山冲，来参观毛主席故居。雷锋怀着崇敬的心情，迈步走进毛主席的旧居，全神贯注地瞻仰每一件实物，细心聆听讲解员的介绍。毛主席为中国革命和世界革命做出的伟大贡献，深深地打动着雷锋的心，韶山冲的一草一木都让雷锋备感亲切，他暗下决心：别了，韶山，我无论走到哪里，无论环境多么恶劣，我都会做好工作，做好自己。

1958 年 11 月 12 日，雷锋挑着简单的行李来到长沙火车站，奔向千里冰封、万里雪飘的钢城——鞍山市。长沙火车站灯火闪耀，人流如梭。在候车室熙熙攘攘的人群中，有个圆脸短发的姑娘，脚穿白球鞋，身着绿绒衣，肩上扛的行李包上还挂着个篮球，气质上像个篮球运动员。雷锋左顾右盼找座位，看这个姑娘对面有位子，就在对面椅子上放下行李，坐下休息。当雷锋抬头看见了这个姑娘的正脸后，惊奇地站起来说："杨碧华，果然是你呀！"姑娘愣住了，雷锋笑着解释说："我在招工花名册上看到你名字时，就猜是你，真没猜错。"姑娘仍然没想起他是谁，雷锋说："你忘了？你们望城二中女子篮球队到团山湖农场打球，我还……""啊！对了，对了，想起来了，你是农场的拖拉机手雷正兴，还在

《望城报》上发过文章，对吗?”杨碧华问。雷锋回答：“也对，也不对，我改名叫雷锋啦!”提起那场球赛，杨碧华说：“哎呀，你们农场真不够意思，女队员不够手了，竟让你这个男队员跟我们打，真不像话!”说完，两人哈哈大笑。这时，同车北上的新伙伴们陆续到齐了，送行的亲人也来了。

招工小组的负责人站在大长凳上，宣布了旅途注意事项和编组名单，雷锋被指定为第三组组长，组员有 20 多人，其中包括杨碧华，还有另两个女孩子，一个叫易秀珍，是刚刚送走母亲，脸上还挂着泪珠的姑娘。她原是长沙市五中的学生，今年已经考上高中，但又弃学招工而来。另一个叫张月棋，是个眉清目秀的农村绣花姑娘，这次也丢下绣花针，要到北方和钢铁打交道。雷组长上任后，赶紧一一和组员打招呼，分发车票和旅途生活费。雷组长很有领导才能，他立即任命杨碧华为“小小组”的组长，负责和女孩子打交道。当晚 9 点 50 分，站台铃声一响，列车开动了。那些青年们望着窗外即将远离的家乡，都哭了起来。只有雷锋不哭，火车开出了几站路，他打开自己装满了书的红皮箱子，从里面找了一本厚厚的书就着列车昏黄的光开始读起来。坐在对面的张月棋伸过头来看了看，敬佩地说："组长抓得真紧，还没到鞍钢，就钻研起《钢铁是怎样炼成的》来了！炼钢一定很难吧？瞧这一大本……"坐在一旁的杨碧华和易秀珍想笑，但又不敢大声笑，怕张月棋难堪。雷锋赶紧对张月棋解释："这不是技术书，是小说，讲的不是炼钢，而是怎样炼人。"张月棋不好意思地笑了起来。

第二天早晨 8 点列车到了武昌站。雷锋他们要在这里换车，可以在武汉停留七八个小时。雷锋和杨碧华、易秀珍决定一起去看看长江大桥。雷锋站在大桥上，看着辽阔的江面、雄伟的大桥以及两岸风光，眼里闪着光亮，赞叹不已地说："原来全是钢铁呀！"易秀珍没听懂他的话，问："你说什么钢铁？"雷锋神情庄重地指着大桥说："你们看，那下层铁路桥是用什么造的？那上层公路桥又是用什么造的？钢铁，全是钢铁！这需要多少钢铁呀！我们国家刚刚建成了这第一座长江大桥，今后还要建多少这样的大桥，需要多少钢铁！长江，还有黄河……"雷锋激情澎湃的神情深深感染了身边的两个姑娘，不由得为将要成为钢铁工人而多了一份自豪。

当列车途经北京时，又一次换车。雷锋约了本组几个旅伴来到天安门广场，喜欢照相的雷锋在这里照了好几张相，一张是雷锋提着一只草篮，草篮上有两朵花儿。还有一张是他骑在摩托车上，两手扶着摩托车把做出骑走的样子。两张照片的背景都是雄伟的天安门。他在天安门以照片的形式留下了自己的印记，首都北京给他留下了终生难忘的印象，他一直梦想着能在首都见到毛主席。

推土机手

在一个寒冷的早晨，火车终于抵达鞍山火车站，火车上的这些湖南青年拎着大包小包，冻得使劲跺着脚、搓着手。鞍钢的工友们敲锣打鼓，热烈欢迎这批刚刚走上工业战线的青年工友。第二天，鞍钢组织新来的青年工人们参观厂房。鞍钢高大的厂房，耸入云霄的烟囱，四通八达的运输线，处处显示出雄伟气魄和力量。看到这一切，雷锋非常振奋，再次燃起文艺青年的豪情，赋诗一首《可爱的工厂》：

汽笛，对着初升的太阳，
情不自禁地高声歌唱，

迎接英姿焕发的工人走进工厂。
啊！钢铁的心脏——鞍钢，
为了祖国的工业化，
你永远不知疲倦地繁忙。
你那高大的厂房，
建筑在数十里的土地上。
红彤彤的铁流，
像滚滚的长江水一样，
昼夜不停地奔忙。
如果谁要是在远处瞭望，
就能看到鞍钢全部的景象：
从森林般的大烟囱里，
吐出一股股黑黑的浓烟。
夜晚像无数条火龙在闪闪发亮，
把浓烟映得像五彩缤纷的彩云一样。
在这浓烟下面，
就是我们工作的厂房。
呀！真仿如神话般的天堂。
这里的工厂主人，
现在日以继夜地繁忙，
热情地歌唱。
歌唱我们的新生力量，

歌唱我们的厂房——鞍钢焦化厂。

诗歌直抒胸臆，写得比较外露，也许不如《南来的燕子》那般有诗味，有诗眼。但是情感同样是真诚的，富有鼓舞力量。五六十年代新中国成立不久，百废待兴。那是一个激情燃烧、豪情满怀的时代。面对蕴含生产与创造的“大工业”场景，敏锐而又进取的雷锋情不自禁地升腾起诗意与梦想。

新来的青年工人开始分配工种了，一心想当炼钢工人的雷锋被分配到化工总厂洗煤车间。他没有这个思想准备，见到洗煤车间于主任就坦率地说：“我是来炼钢的，我的志愿都填了表，为什么把我分到洗煤车间来?”于主任是位老工人，很喜欢他这种率直的性格，拍了一下他的肩膀说：“小伙子，我们看过你的履历表，考虑你开过拖拉机，现在分配你来当推土机手，这个安排很得当嘛!”雷锋还是有些不解，问：“开推土机和炼钢有什么关系?”于主任向他解释：“你初来乍到，还不了解炼钢的复杂过程，让你开推土机就是为了炼钢啊！拿咱们洗煤车间来说吧，如果每天不把大量的煤炼成焦炭，炼铁厂的高炉能炼出铁来吗？如果不把炼焦时生产的煤气输送到炼钢厂去，他们怎么能炼出钢来呢？所以大工业生产就像一架机器，每个厂，每个车间，每个工种，都是这部机器上的零件和螺丝钉，谁也离不开谁。你想想，机器缺少螺丝钉能行吗？”雷锋听了于主任的话后，弄通了道理，大声回答：“我保证服从领导分配，一定把工作做好，请领导放心！”于主任把雷锋送到车间白主任那里，因为年底生产任务很紧张，白主任很早就要求车间速派一名思想好、身体棒、懂技术的青年来。但是现在看到送来的雷锋如此单薄和瘦小，认为恐怕不行。于主任赶紧向他介绍雷锋原先开过拖拉机，还是县里的先进人物。白主任无奈地说：“好了，我收下他就是了，大不了让我当个保姆。”雷锋一听很不服气，立即回答道：“请白主任放心，我不会让你当保姆的。”于主任走后，白主任和雷锋聊起来，“你在农场开拖拉机，每月工资多少？”雷锋回答：“32 元。”白主任又问：“你知道在这里当学徒，工资多少？”雷锋摇摇头：“没问过，不晓得！”白主任说：“在这里拿学徒工资，每月只有 22 元，你不怕吃亏？”雷锋一愣：“吃亏？不，我不是为钱来的。”“那你大老远来鞍钢为了什么？”“为了炼钢，为了‘1070’嘛。”

（“1070”万吨钢是国家为1958年确定的全国钢铁产量）雷锋的回答让白主任对他刮目相看，白主任指着煤场上停放的一台推土机，告诉雷锋：“瞅见没有？小雷，今后你要摆弄的就是这个大家伙，苏式C-80重型推土机械，今后你就学它，负责教你的是李师傅，你在这等他一会儿，我开完会再和你们谈。”白主任一走，雷锋就围着那台庞然大物般的推土机转了两圈，然后钻进了驾驶室，看看这儿，摸摸那儿，把那一排长长短短的操纵杆挨个摆弄一遍。这时李师傅风尘仆仆地赶到了煤场，远远看见车上有个小伙子，厉声地喊：“这是谁家的孩子，不上学念书，跑这儿淘气！”雷锋敏捷地跳下车，打量着李师傅，笑着问：“您就是李师傅吧？我是新来的徒工，不是来淘气的。”李师傅看着眼前孩子样的雷锋，说：“跟我学徒，我要把丑话说在头里，这台C-80驾驶起来震动力大，劳动强度大，技术复杂，你来就赶上冬天，露天作业，又脏又冷又累，你这南方小鬼受得了吗？”“放心吧！师傅，我什么苦都吃过。”雷锋爽利地回答，李师傅收下了这个徒弟，在白主任的主持下，签订了为期一年的“师徒包教包学合同”。

就这样，雷锋冒着东北的严寒，开始学习操作推土机技术。像当初在农场学开拖拉机一样，每天都是早来晚走，珍惜熟悉这个“大家伙”的每一分钟。他每天提前来到后，利索地做好各项准备工作，李师傅一到，立即就能作业。李师傅开车的时候，他站在一旁留心观察，琢磨着开推土机和开拖拉机有哪些不同，又有哪些相似。一车煤推完了，新的煤车还没开来，他就坐在驾驶座上一招一式地请教。每当机修工来检修推土机时，雷锋都不放过这难得的学习机会，通过帮助机修工检修机器，进一步熟悉推土机的构造，各种部件的性能，以及拆卸安装的技术。雷锋学会清洗发动机滑油泵后，就不让师傅沾手了，每次他都抢着钻入车底，仰面打开检示器，把油槽里的水放出来，作业服被冰水浸透，有时还结了冰碴儿，手也弄得黑乎乎的，浑身连水带土滚成一个泥猴。他虽然吃了苦受了冻，却把发动机的构造、性能和“脾气”摸得清清楚楚。李师傅对这个小徒弟满意至极，逢人就夸：“在我的徒弟里，数小雷岁数小，可他是学得最好的一个，像他这样勤奋、虚心，没有学不会的技术。”不到一个月，雷锋就能单独驾驶推土机了。C-80 推土机机

头很高，由于他个子矮小，坐着开，看不见推土机前面的大铲子，站着开，车棚盖又碰脑袋，直不起腰来，所以不得不常常猫着腰干。一天下来腰酸腿痛，在严寒中，汗水把衬衫都湿透，但是第二天照样干，从没叫过一声苦，在他脸上从没有一点无精打采的痕迹。

雷锋学技术，不仅肯下苦功夫，抓住一切机会去学习，更为可贵的是他遇到问题时，善于“钻”，用这股钻劲最终解决问题。一天中午，煤场又运来了一批新煤。不一会儿，空场上就堆起了几座煤山。雷锋和李师傅驾驶着推土机向煤山顶上爬坡，但是没开出多远，推土机就“咣当”一声熄火了，无论怎样也打不着火来了。这么一个十多吨的“大家伙”突然停在了斜坡上，上不去也下不来，一时间又搞不清楚哪里出了问题。雷锋对师傅说：“推土机停在这里实在太危险了，咱们先想办法把它拖下去吧。”师傅点了点头，只好这样办了。师徒两人找来了牵引绳，将绳的一端拴在吊车有力的车臂上，另一端拴在推土机的牵引钩上。然后，启动吊车把推土机拖到了平地上。雷锋立刻钻入驾驶室，试着重新开动推土机。只听“嗵嗵嗵”几声，推土机又“活”了。

原来并不是机械故障，发动机也没有问题，到底哪里出问题了？雷锋带着疑问向师傅请教，师傅说：“这台 C-80 算是老物件了，早些时候爬四十多度的坡熄过火，没想到这次刚上个小坡就动弹不得了。”雷锋着急地说：“如果推土机不能爬坡，怎么能推煤山呢？那肯定会影响进度呀！”师傅也知道这个道理，可是面露难色地说：“解决这个问题很棘手啊！”为了弄清推土机的问题所在，雷锋找出了 C-80 的说明书，还搜集了相关的机械书。整整大半夜，他都在翻阅资料、攻克难题，忙了一夜，眼睛熬得通红。最终他的研究也有了成果，找到了问题所在。第二天清早见到师傅，他高兴地说：“我找到推土机的问题所在了！”李师傅不相信地问：“不可能吧，这么短的时间你就找到解决问题的方法了？”雷锋解释道：“推土机在倾斜角度大的地方工作，很容易使发动机超负荷运转，从而造成汽缸里的进油和空气比例失调，使汽缸里面进的油少了，空气多了。这样一来，推土机肯定要憋火儿的。”李师傅一听恍然大悟，大声说：“对啊！是这么回事，我怎么没想到！你小子比师傅强！”他们立即调整了气缸里的进油量，改进了推土机的作业方法，

爬坡果然不熄火了。师徒俩一鼓作气推平了半座煤山。为此，雷锋在生产评比会上受到了表扬，还被评为了“先进生产者”。

东北的冬季，雪大风大，寒冷异常。每遇到大风雪天气，推土机露天作业时，雷锋总是跳下车来指挥，让推土机司机在能见度很差的情况下安全作业。飞舞的煤粉，混合着雪散落在他的脸上身上，弄得他像个小黑脸包公。休息时，师傅让他进屋烤火，他却担心水箱、发动机被冻坏，坐在驾驶室中不走。师傅心疼地把他拉进屋让他暖和一会儿，自己守在车上，可是雷锋转眼又披着一身霜花，举起小红旗指挥起推土机的作业。用推土机铲煤，有时难免会把地上的泥土铲进煤里。像山一样的煤堆，铲进一点泥土本来不算什么，但是在雷锋看来，这一点泥土掺进煤里就会影响炼焦质量，焦炭的质量差，就会影响炼钢炼铁。为了使推土机在推煤时不带进泥土，雷锋准确地把握推土铲的升降，做到既能把煤铲净又不带进泥土。推土铲偶尔带上一点泥土，雷锋立即跳下车把它挑出来，见到别人驾驶的推土机铲进泥土，雷锋也总是设法帮助挑出来。

雷锋干起工作来非常细心认真，而对于批评

也总是能虚心接受。有一次，一场大雪覆盖了煤场，雷锋上班后发现推土机没油了，他马上就开动机器去加油。他一心想着赶时间，却在横过运煤铁道时忘了提铲，把铁轨推出去好远。李师傅闻声赶过来一看，厉声批评他："小雷，你怎么这么莽撞，把铁轨撞坏了，别人怎么完成任务？"雷锋学徒三个多月以来，第一次出事故挨批评，脸上火辣辣的，心里懊悔极了。事后，李师傅很后悔对一个无父无母的孤儿太严厉，怕他闹情绪，便找他谈心。没想到，听完李师傅的安慰后，雷锋诚恳地说："师傅您批评得对，因为我工作有失误，批评是为我好，让我在工作中加强责任感，不再出事故，以后一定不再出这种错。"先前李师傅对这个小徒弟是喜爱赞赏，经过这次事件后，又添了一份由衷的钦佩。在师傅的诚心诚意教授与徒弟的苦学、巧学中，雷锋入厂不到四个月，就提前完成了合同项目，获得了"冶金工业部鞍山钢铁公司安全操作允许证"证书，成了一名优秀的推土机手。

雷锋出徒后，不但能开好推土机，而且会维修、保养推土机，是一个懂原理、会操作、会修理的技术全面手。这时，车间分来了 5 个新工人

来学习驾驶推土机技术，车间主任便给了雷锋一个任务，让他代培其中3名学员。雷锋有些忐忑，心想自己的技术还不过硬呢，又怎能带好学员呢？可是又一想，这是党组织交给他的任务，一定要尽力完成。尽管3名学员文化水平不高，领悟能力较差，但是雷锋毫不保留地向3名学员耐心传授技术。休息时，他也总是指点着车上的零件详详细细地讲这个，讲那个。在学习机器构造原理时，他和学员一起研究，如果有弄不懂的地方，他就去请教其他师傅，而后再告诉学员。他带的学员仅用四个月就学会了开推土机。培训结束后，厂里发给雷锋36元钱培训学员指导费，他无论如何不肯要，他说："我学的技术是党培养的，今天告诉别人是应该的。"

雷锋是在苦水中泡大的，平时总忘不了勤俭节约。工作中，他发现保养推土机的抹布消耗量很大，这么多抹布仅用一两次就扔掉太可惜了，他就注意用过后收集起来，清洗干净，以备再用。厂里开展增产节约活动，洗煤车间建立了一个节约仓库，并设了一个节约登记簿，要求职工把节约和回收的物品登记在登记簿上，以此作为评比先进的依据。雷锋回收的螺丝钉、垫圈、机器的各种零件数量最多，却从未登记入册，有人问他为什么不登记？他笑着回答："勤俭节约是我们每个人应尽的责任，我不是为了当先进才这么做的。"

雷锋的生活非常简朴，处处精打细算，食堂里炒菜很多，但是他的饮食基本是喝菜汤，一周买一个炒菜就算改善生活，有时星期天有事上街，乘车很方便，只花 5 分钱即可。可是他很少坐车，基本步行。寄信也是把用过的旧信封反过来使用。雷锋并非苦行僧，而是他从忍饥挨饿的受困受冻的旧社会熬过来，格外珍惜食物、物品、钱财。但是当别人有困难时，他却极其慷慨。1959 年春节前，工友王大兴给生病的母亲寄去 50 元钱，其中有 30 元是雷锋给的；同来鞍钢的张建文回家探亲，雷锋给他 20 元钱；一次在路上遇到一位老大爷丢了钱，他当即送给老大爷 20 元钱……他当时的工资每月只有 34.5 元。

鞍钢办职工夜校，他动员工友一起去听课。有时老师来晚了，雷锋就登上讲台，指挥大家唱歌，又打拍子又领"头儿"，一歌唱罢，一歌又起，活跃了气氛，提高了大家的学习热情。夜校缺少老师，同学们知道他读书多，曾在家乡做过

夜校老师，就推荐他做语文教员，他欣然同意。这样雷锋既是学生，也是教员。刚开始讲课时，他遇到的最大困难是“口音”问题，他的湖南口音很重，费了很大的劲儿，别人还是听不懂，他下决心苦练普通话，总是诚心征求学员们的意见，每个字的发音都要念熟，才肯上台。雷锋讲课非常认真，讲课前，他总要参考大量图书资料，编写讲课提纲，准备课堂练习和课后作业等。雷锋就这样班上班下忙得不亦乐乎。别人很纳闷，问他哪来的时间做这么多事，他在日记中郑重地记下了他的答案：

> 一块好好的木板，上面一个眼儿也没有，但钉子为什么能钉进去呢？这就是靠压力硬挤进去的……

同乡友情

雷锋在业务上刻苦钻研，成绩突出，思想上积极上进，追求进步。他总是笑呵呵的，开朗活泼，充满活力。他的生活除了工作、工作、再工作外，还有着极为丰富的业余文化生活，更有着和谐的人际关系。当初从望城县和雷锋一起来鞍钢的有 6 个人，其中包括杨碧华、张月棋、易秀珍这三个姑娘。19 岁的湘绣姑娘张月棋，入厂后被分配到炼焦车间当测温工，整天处在烟熏火烤中。拿惯了绣花针的手一接触那些什么肥煤、瘦煤、气煤、焦煤的，心里就隐隐作痛。东北的冬天天气又冷，手脚都冻伤了，半夜睡得热乎乎的，还要冷丝丝地起来上夜班。而且饮食也不能适应，在湖南老家吃惯了白米，来这里只能吃高粱米、苞米面，时常空着肚子去上班。有一天竟然晕倒在地，回到宿舍蒙着被子哭了好几场，想回老家去。同宿舍的杨碧华、易秀珍苦口婆心地劝她要经得起艰苦生活的考验。她却没好气地说："你们俩文化高，杨碧华当化验员，易秀珍当统计员，若叫你们下车间干粗活儿，也会哭鼻子。"她们俩就找雷锋商量：张月棋 16 岁就在湘绣厂做手工，日子过得挺好，养成了一身娇气，实在干不了，就让她回湖南吧。雷锋说这样不好，一道来的老乡，让她一个人回去心中不忍，咱们一起帮帮她，体贴她，陪她散步说说话，看看电影，她适应了就会好起来……杨碧华把雷锋的话告诉了张月棋，她听了很受感动。这时，雷锋又拿着《钢铁是怎样炼成的》这本书来了，要念几段给她听听：

人最宝贵的是生命，生命每个人只有一次。一个人的生命应该这样度过：当他回首往事的时候，不因虚度年华而悔恨，也不因碌碌无为而羞愧……

他一段一段地读着，尽管是书中的话，可句句都像从他心里发出来的，张月棋从无心到入心，被深深地打动了。临走时，雷锋把书递到张月棋手里说：“杨姐读过了这本书，可叫好啦。你也从头到尾读一读，看看保尔这块‘钢’是怎样炼成的，我们也应该做这样的人！”张月棋听从了雷锋的劝告，细心读了这本书，情绪也渐渐振作起来。有一天，下班前清理作业场，一不小心，她的左手被配煤工具撞伤了，肿起挺高，疼得钻心。碰巧的是，易秀珍的右手也被焦炭烫伤了。她们俩脚前脚后到医务所包扎以后，一同回了宿舍。杨碧华那天休班，看到她俩一人带着一只伤手回来，吃了一惊，问：“你们两个打架了吗？怎么把手都打伤了？”张月棋摇摇头坐下了，没说什么。易秀珍的眼泪再也憋不住了，抱着杨碧华哭起来。这时雷锋急匆匆地走进来，一手拿着一瓶药水，一手用白手巾拎着一瓷盆大米饭和切好的香肠。小易的哭声让他一怔，他把手里的东西往桌子上一放，劝慰小易说：“小易，刚才听赵大夫讲，你手指烫焦了一块皮，涂了獾油，不要紧的，我又给你捎来了药水，手指离心脏大老远的，何必哭呢?”谁知，小易反而哭得更厉害了，而且冲着雷锋抖动伤手说：“你没伤心，又离心八丈远，用你来关心？真讨……”后面的“厌”字没来得及说出口，就被杨碧华摆手制止了。张月棋在旁听了这没深没浅的话，也觉得过意不去。可是雷锋一点也没生气，对杨碧华说：“杨姐，这是止疼药水。医生说睡觉之前抹一抹，碰伤、烫伤都管用。”杨碧华说：“这事还用你嘱咐!”接着，故意把脸一沉，指着桌上那盆米饭和香肠，问：“这是怎么一回事！你为什么带头破坏咱们定好的‘公约’?”

原来她们几个女孩子在湖南家乡吃大米吃惯了，实在咽不下窝窝头，有时就买零食吃，有时干脆饿着。每当食堂卖大米饭，她们就多打些下一顿吃。雷锋却乐呵呵地对她们说，来到北方要具备两个“不怕”，一不怕天冷，二不怕吃窝头。有一次，几位南方姑娘一点儿也没吃下，把窝头全丢在了桌上，雷锋就找了张报纸，包走了窝窝头。当几个姑娘看完电影回到宿舍，却发现桌上

放了满满一大盒米饭，饭盒下压着一张字条：“身体是革命的本钱，要锻炼自己，请不吃窝窝头的人吃下这盒米饭。”没有署名，但她们一看就知道是雷锋的字迹。小易夺过字条，要找雷锋问是什么意思，杨碧华说：“问什么？小老乡向我们敲警钟了！”小易说：“敲警钟也吃不下，这人真是的！”杨碧华说：“你瞧这句，‘要锻炼自己’，吃不下，要锻炼自己吃。”张月棋也说：“小雷是一片好心，咱们该改改娇气了……”第二天一早，杨碧华来找雷锋，指着那盒米饭说：“请不吃米饭的人把盒饭拿走，今后我们保证和你一块吃窝窝头，谁也不许再往宿舍里打饭菜，今天就定下公约，你同意吗？”雷锋高兴地说：“好！这个公约定得好！我完全同意！不过，这盒米饭你们还是吃了吧！食堂的早饭还是窝窝头。”杨碧华把饭盒往雷锋手中一推：“定了公约就不许破坏！”所以，雷锋今天打来米饭和香肠，杨碧华批评他“破坏公约”。雷锋赶忙解释说：“今天情况特殊，第一，食堂剩下不少米饭和香肠，炊事员敲着饭盆让大家买；第二，张姐和小易伤了手，没有别的可慰劳的，吃顿大米饭总可以吧！起码明天早晨不让她俩吃窝头。”雷锋这番话说得张月棋心里热乎乎的，她想说几句感激的话，一时又不知说什么好。小易也止住哭泣，不好意思地瞟了雷锋一眼，后悔不该拿话戗他。杨碧华对雷锋说：“你呀，总是对的。我代表张姐和小易谢谢你。”说完还敬了个礼，大家一下子乐起来。雷锋走后，杨碧华批评小易说：“雷锋实心实意关心我们，帮助我们，你刚才还说那种话，真不应该！”张月棋接言道：“我若是雷锋，永远不理你！”小易笑着说：“人家可不像你。”

真挚的友谊给生活带来了情趣和欢乐，吃窝窝头也变得香甜，这些南方姑娘的情绪慢慢好起来。每天上班紧张劳动一天，下班后，住集体宿舍的年轻姑娘把自己打扮得漂漂亮亮，逛街、看电影、上公园，职工俱乐部每周举行一两次舞会，这些南方姑娘是常客。杨碧华最先学会跳舞，又把张月棋和小易也教会了。雷锋对跳舞不感兴趣，杨碧华几次想教他，他总是摇头不想学。他的业余时间多半是在职工俱乐部图书馆里度过的。一个周末，杨碧华她们又到俱乐部去跳舞，硬拉上了雷锋，再次邀请他去学跳舞。可是进了俱乐部大门，他又一头钻进图书馆。杨碧华和小易这回没客气。舞厅的音乐一响，便去图书

馆把雷锋揪出来了，声称要“改造改造这个书呆子”。杨碧华拉起雷锋的手刚要上场，雷锋发现乐队旁边的圆柱子上贴着一张“跳舞注意事项”，他笑笑说：“杨姐，我怕是不好改造……”“我才不信，咱们包教包会。”“包教包会也不行。”“为什么？”雷锋指着圆柱子上那张“注意事项”说：“这里有规定：穿带钉子的鞋不准入场。你看我这鞋！”他抬起一只脚让杨碧华和小易看他的鞋底，前后掌果然钉了很多鞋钉。这下他像得了救似的又跑回图书馆看书去了。三个姑娘觉得很扫兴，一向说话不多的小易提出了一个问题：“同样是年轻人，同样去俱乐部，有人在读书，有人在跳舞，这是为什么？”张月棋说：“个人爱好不同呗！”杨碧华没考虑透，默然不语。等到雷锋回来时，杨碧华把他叫进屋里，重提了小易的问题，雷锋不假思索地回答：“这有什么？大家劳累一天，利用业余时间跳跳舞，读读书，我看都可以。”杨碧华说：“这等于没回答问题。”张月棋在一旁追问：“那你为什么只读书，不跳舞？”小易也追问：“你是不是反对我们跳舞？”雷锋连连说：“不是！不是！我不反对跳舞，下次换双鞋我一定去学学，我看跳舞并不难，但我反对把业余时间都花在跳舞上。我觉得浪费时间就是浪费生命，浪费一分钟等于死亡一分钟……”这是雷锋的由衷之言，跳舞与学习都是个人的爱好，对于求知若渴的雷锋，读书的需要大于跳舞。但是雷锋并不反对跳舞，他也愿意学一学。他并不是书呆子，在东北过的第一个春节，厂里组织了踩高跷的秧歌队，雷锋又一次男扮女装，扮成“小姑娘”，穿花衣，戴红花，梳假辫儿，踩上高跷，扭啊扭，让认识他的人笑出来眼泪。

在那次学跳舞讨论之后的一天晚上，厂里开联欢会，同楼住的姑娘、小伙子兴高采烈地换上新装去参加联欢会。雷锋跑到女生宿舍主动请姑娘们去跳舞。来到张灯结彩，管弦齐奏的舞厅后，你和我跳，我和你跳，说说笑笑，玩得非常痛快。杨碧华拉着雷锋，教他跳“快步”，小易坐在一边看雷锋学跳舞，笑得弯下了腰，悄声附在张月棋耳边说：“张姐，你看雷锋的那身衣裳，哪像个跳舞的？来这种场合，也不知换件新的。”张月棋仔细一看，雷锋还穿着那件褪了色的蓝布夹克，旧裤子还打着补丁，一双胶鞋也是旧的，而舞会上的男男女女都穿戴得整整齐齐、漂漂亮亮。当雷锋和杨碧华一起跳舞时，恰好一“土”

一“洋”，有些滑稽可笑。张月棋就问雷锋：“你看楼上楼下的谁像你，连件像样的衣服都没有，你没钱买吗?”雷锋一笑说：“咱们都是徒工，穿的戴的，能对付就对付吧!”

其实，雷锋并不是邋遢之人，在家乡上学时，经常出席一些场合，都会郑重穿上“场面衣服”，就是一套干干净净的蓝裤子、白衬衣，这套场面衣服他一放学就赶紧脱掉，换上旧衣服干家务，只要是晴天，他都会仔仔细细洗净这身场面衣服，晾在院子里，露水未降之前收拾入屋。潇洒地上学，神气地做人，背后是一种很强的自尊心和自觉性。在鞍钢，他是学徒，是工人，他有着极强的“角色”意识，认为学徒就应该有个学徒的样子，没有在穿戴上下功夫。但是，在湖南老乡、单位的师傅和工友劝说下，偶尔也会美一美、帅一帅。有一天，杨碧华、张月棋、小易这三个姑娘晚饭后没事，想到男生宿舍去玩，刚到男生宿舍门口，就听屋里传出一阵说笑声：“瞧！咱们雷锋这一打扮就更漂亮了！……”她们推门一看，雷锋正在试穿一套新衣服：黑色的皮夹克，深蓝色料子裤，脚下是锃亮的黑皮鞋，床头还放着瓶“友谊”牌雪花膏。三个姑娘被眼前的雷锋惊呆了，她们从未见过这么帅气、英俊的雷锋，19 岁的小伙子乌发净面，鼻梁高挺，口唇润泽，精神饱满，杨碧华、张月棋不断地夸“不错”“真够帅”，而小易在一旁左看右看，抿嘴直笑，眼里闪出了少有的喜悦。雷锋有点不好意思了，当即脱下了这套衣服。雷锋和其他工友不一样，他是孤儿，又单身，并没有养家糊口的重任，他本身又省吃俭用，所以每个月的积蓄还是“比较富裕”的。皮夹克、料子裤、皮鞋是他在青年商店花 44 元买下的，他当时每月工资 30 多元，可见这套行头是他在消费上的“大手笔”。爱美之心人皆有之，这次的“大手笔”消费展示了雷锋作为现代青年对美好生活的追求，是内心世界丰富多彩的展示，让人在他高尚人格的感染中，也体味到雷锋的“人间烟火”的一面。但是雷锋对衣着之美、外貌之美的追求适可而止。整整一个春天过去了，那身行头只有皮鞋在和老乡跳舞的时候穿过，而那身“真够帅”的衣服却再也没穿过。他说穿新衣服不自然、不习惯。他在日记中写道：“我想，我从农场来到鞍钢，工作没干几天，还谈不上有任何成绩，怎么就讲究起穿戴来了！我不能这样……”

望城县老乡们互助友爱，非常团结，一起工作，一起生活，一切都很和谐快乐，但是雷锋的一些行为有时也会让同乡很不理解。有一次，湖南同乡们一起去鞍山公园游玩，公园有一个湖，大家有说有笑地，一边划着船，一边唱着歌。在这快乐的时刻，大家都想尽情游乐一番。男同乡说要聚餐，女同乡也说要请客。这时，一位老乡无意间在船上的一个洞孔里掏出一个信袋，打开一看，里面有 40 元钱。40 元在当时可是一笔不小的数目。有人提出用这笔钱聚餐，因为是“天赐的”，大家都纷纷响应。但是，雷锋坚决反对，还讲了很多的大道理。原本热闹的场景冷了场，大家不欢而散。钱被雷锋上交了洗煤车间。

在鞍钢的生活慢慢稳定下来，有同乡友情的滋润，日子过得丰富而舒服。但是在这里工作了十个月的雷锋又要走了，他又要投入到像当年团山湖农场那样一片未被开垦的土地——弓长岭矿山。

临走之前，雷锋到杨碧华、张月棋、小易的宿舍告别，几个同乡依依不舍地为他送行，杨碧华像姐姐送弟弟一样，千叮咛万嘱咐，有说不完的话。小易没有说话，只是眼泪汪汪地瞧着他。

张月棋找出雷锋那本《钢铁是怎样炼成的》，要还给雷锋，雷锋说：“我不能带很多东西走，把它留给你们吧。杨姐、张姐都看过了，小易还没看吧？大家都要向保尔学习！”张月棋把书往小易手中一塞：“这本书就留给你啦！”小易接过书，心头一热，泪水顺着脸颊滚落下来，泪水里不仅有离别的不舍，还有她说不清楚的情意。小易和雷锋的故事在那片未被开垦的荒地上，还会继续。

弓长岭开生荒

1959年夏天，随着鞍钢生产不断增长的需要，鞍山钢铁公司决定在弓长岭矿山新建一座焦化厂，急需调一批人到那里参加基本建设。弓长岭焦化厂地处偏僻山区，条件较差，环境艰苦，吃住都不方便，有时连洗脸水都没有。动员文件下达后，大多数青年工人都不愿报名，不愿离开新兴的钢铁都市。雷锋第一个报了名，这让车间、工段和班里的领导、师傅很是不解。当然，雷锋的每一次选择都让很多人不解。

雷锋要去弓长岭，领导和师傅都不同意他走。他给车间做出了极大的贡献，带来了极大的荣誉，哪个领导都不会舍得放他走。车间于主任含蓄地劝他：“这里才建设就绪，一切都比较完善了，不容易。新开建的弓长岭矿山焦化厂，住工棚，吃野炊，出门见山沟，没法和市里比，你考虑一下，还是不去为好……”班里师傅、工友直截了当地劝他：“小雷你是个傻瓜！鞍钢那么好，你图啥到那个吃没吃、住没住、玩没玩儿的荒山野岭去！大伙都不愿去嘛！”领导、师傅、工友都是出于真正关心雷锋的立场，诚恳地劝他。不过这些劝阻的理由都是从外在条件出发的。而在人生的每一次选择中，外在的条件从来不是他看重的。他在 1962 年 3 月写下的两则日记很能说明他每一次人生选择的心路历程。一则是：“我愿在暴风雨中——艰苦的斗争中，锻炼自己，不愿在平平静静的日子里，度过自己的一生。”另一则是：“不经风雨，长不成大树；不受百炼，难以成钢。迎着困难前进，这也是我们革命青年成长的必经之路，有理想有出息的青年人必定是乐于吃苦的人。”雷锋是一个志存高远，有理想有抱负的青年人，所以每当有了人生锻炼的机会，他总是第一个抓住这个机会。尽管在一般人眼里，很多所谓的“机会”是自找苦吃。

雷锋对这些好心的劝阻回答说："正因为那边苦，没人愿意去，我才坚决要去！我是一个共青团员！"他找于主任反复交涉，于主任看无法劝转他，只好惋惜地说："真想去你就写个志愿书吧！"雷锋笑起来，飞奔而去，不多时就交来了志愿书。雷锋的择业观给予当下的青年人很大的启示与引导。

1959年8月26日，雷锋告别了鞍钢化工总厂，离开朝夕相处的工友们，来到弓长岭焦化厂建设工地，又一次投入到了崭新的、火热的战斗生活中。刚来到这里，一切都得白手起家，工人宿舍还没有盖起来，大家暂时住在破旧的土房里，又漏雨，又透风，食堂是临时搭的大席棚，厨房是露天灶，走的是坑洼不平的山路。吃水、用水都要到离工地两里多路远的村子里去挑。这里的工作、生活条件与鞍钢相比，确实差远了。雷锋却不在意这些，一来到工地，就帮助大家搬行李、整理床铺，里里外外忙得最欢。

雷锋走后，留在鞍钢的工友、老乡非常失落，尤其是小老乡易秀珍。雷锋临行之前，送给她一个笔记本作纪念，并且写了两句话："船，能够乘风破浪才能前进；人，能够克服困难才能

生存。”小易深深知道雷锋为什么写下这两句话，自从雷锋在长沙火车站认识小易那天起，她在各种困难面前不知流过多少眼泪。雷锋总是迎着困难前进，他也希望小易能成为勇于战胜苦难的人。小易在雷锋身上汲取了这种克服困难的精神力量，也想到那艰苦的环境中锻炼锻炼，主动请求领导批准让她到弓长岭。当然从内心深处来讲，她有自己的隐秘心思，她曾对好友剖白过自己的心境：“同伴们说我对雷锋有些痴情，也许是吧，我这人觉悟不高，当时能舍得离开鞍钢那样好的环境，到这个大山沟来，嘴上说是来参加焦化厂的建设，心里想的多半是雷锋……”雷锋走后，小易总觉得心里空落落的，像是身边少了什么东西。雷锋留下的那本《钢铁是怎样炼成的》读了一遍又一遍。焦化厂建筑工地只要有人回来办事，她就变着法儿打听雷锋的情况。凡是见过雷锋的人都对她说，雷锋在工地上干起活来有时忙得洗不上脸，吃不上饭，夜里还要读上几个钟头书。小易有些不放心，也有些稳不住神，夜里常常梦见雷锋。她的心事瞒不过杨碧华和张月棋，杨碧华逗她说：“想小雷啦？想就去追他嘛。”追就追，她坚定地请求领导批准她到弓长岭工地，张月棋绷着脸吓唬她：“你不怕呀，工地那里有雷锋，可那里也有大蛇呀！”这事她早就听人说过，说工地附近的姑嫂城有几条大蛇，每条都有碗口粗，几丈长，夜间躲进山洞里，白天到太阳底下晒鳞，听起来很是吓人。小易小时候被蛇咬过一次，后来谁一讲到蛇她心里就发怵。但是想到能和雷锋在一起工作、生活，这些都无所胃了。9 月 10 日小易就搭乘一辆运送建筑材料的卡车来到了弓长岭工地。她到办公室报了到，连行李都没往住处搬，就跑到工地上来了。在修建宿舍的工地，小易远远地看到雷锋穿着背心、挽着裤脚，打着赤脚，正同大家一起和泥运泥。他只顾埋头干活，半天也没有看见远远奔来的小易。小易情不自禁地招手喊了声“雷锋”，雷锋这才抬头，一看是小易，又高兴又吃惊，赶紧将手中铁锹往泥里一插，光着两只泥脚朝小易跑过去。他在衣服上擦了擦沾满泥浆的手，猛力握住小易的手说：“小易！你怎么到这儿来了？”小易嗔道：“这地方只许你来，不许别人来呀？”雷锋嘿嘿地笑着，擦着汗又问：“这一批又来了多少人？”“就我一个，嫌少了吧？”“不少，不少，多一个人多一分力量！”就这样，小易和雷锋又

到一起工作了，他们的故事得以延续下去。

雷锋作为推土机手到弓长岭焦化厂一时也没有机车开，只好做力工，他对此也没有意见。运木料，他拣大的扛；运石头，他拣重的担。发现了好人好事，他编快板、写墙报，进行宣传鼓动。他走到哪里都像一团火，领导把他编进青年突击队，共青团员们选举他当了团支部宣传委员。入冬后，东北的山区格外冷，给施工带来了新的困难。领导把和泥这件最脏、最累的工作交给了青年突击队雷锋所在的小组。干了两天，雷锋发现砌砖和运砖的同志上班后，要等和泥小组把泥和好才能开始干活，每天都窝工一个多小时，影响施工进度。因此，他发动“和泥小组”的几名共青团员，每天在别人熟睡之时先去工地和好一堆泥，等砌砖、运砖的同志一上班，马上就能干活。但冬季施工，开始没经验，用土和泥黏结性小，砌上的砖不牢固，经过细心研究，雷锋建议把蒿草、砂子和土掺在一起和泥，解决了这个问题。但是，大家只用铁锹、二齿钩子使劲搅和，不仅进度慢，而且硬土块还搅拌不开。砌墙的同志有意见了：“这是和的什么泥？疙瘩溜球的，一点儿都不好用。”雷锋觉得人家说得对，他就想了一个办法，脱下了鞋，挽起裤腿，赤脚踩进冰冷的泥中，用脚踩碎泥土疙瘩。工段领导发现后，怕冻坏他的脚，连忙送来胶靴让他穿上。可穿上胶靴，一踩进泥里，胶靴就被粘住，拔不出来，没少费劲，可泥还是和不匀。雷锋干脆把靴子甩掉，又光脚踩泥了。在雷锋的带动下，伙伴们也照着他的样子干起来。泥水冰冷刺骨，砂石乱草扎得脚疼，他们坚持这样干，质量很高的泥终于在他们的脚下被“制造”了出来。

施工进度很快，砖墙越砌越高。但是，砖墙越高越不方便运泥，雷锋一边赤脚踩泥，一边琢磨：能不能找个窍门儿？他站在泥里比比画画的，同他一起从湖南来的小老乡小叶好奇地问：“你比画什么？”雷锋从稀泥中拔出脚来，皱着眉头说：“我想搞个土吊车运泥，你帮我参谋参谋！”说完，蹲在地上画图，“赤脚大仙”们好奇地聚拢过来，看他画，听他讲。伙伴们听出了道理，看出了门道，都赞成他的想法，并立即向工段的领导汇报了，领导立即支持，当天就在工地上架起了“横杆吊斗”，经过试验，完全适用，吊泥、吊砖、吊瓦都行，大大加快了施工进度。

工地工友们白天劳动一天，晚上业余时间下

下棋、打打扑克。雷锋有时也和大家一起玩玩，但是更多的时间还是用来学习。他每天一定会挤出一定的时间读书、记日记，有时晚上开会，他宁肯少睡一会儿，也要坚持学习、记日记。他在望城县团山湖农场时就开始记日记，他的日记内容丰富多彩、健康明朗。追随他而来的小易有一天晚饭后，想帮雷锋洗洗衣服。来到他的土屋里，看见他正坐在通铺上埋头写什么。小易悄悄地凑近一看，原来他在写日记。雷锋发现她来了，赶忙合上日记本。小易一笑：“不要对我保密了，什么‘青春’啊、‘美好’啊，我都看见了!”雷锋歪头一笑，立刻把日记本塞到她手中说：“看吧，管够看，我的日记对你不保密。”小易心想不管你保密不保密，反正我要看一看。雷锋的这本日记是农场黄丽送给他的那本，翻开头一页，立刻被黄丽那篇“临别赠言”吸引住了，她用心地仔细看了一遍，问道：“这位‘黄丽姐姐’是谁呀？对你抱的希望还不小呢。”雷锋老老实实地对她讲了有关黄丽的一些情况，夸奖黄丽如何能干，如何好学，如何懂事。小易关心地问：“你把她夸得这么好，分别这一年多，你们一定没少通信吧?”“一封也没有。”“那为什么?”

"没时间也没精力。""我不信。""不信？你以为我会说假话？""不是！我不过随便问问，其实你们通不通信与我有什么相干……"在雷锋和易秀珍的对话中，呈现了两人比较微妙的心理，小易敏感好奇，有一定的心计，而雷锋的回答中有一种不自觉的情感掩饰，甚至有些着急地去否认什么。如果不是面对着小易，他也许不用这么"急赤白脸"。小易翻过黄丽的赠言，翻看每一篇日记，发现都很简短，主要记录了生活、劳动的一些情况，也抒发了一些感想。她很希望能在日记中见到自己的名字，结果翻到底也没有一句提到她。她多少有些怅惘，但细想想，他的日记中很少叙事记谁，大多都是抒怀言志，比如："一花独放不是春，百花齐放春满园""一个人先进总是单枪匹马，众人先进才能移山填海""记住：伟大出于平凡，一切为了社会主义建设，要发出青年的光和热。"而小易进来时，雷锋正在写的那篇是："青春啊！永远是美好的，可是真正的青春，只属于那些永远力争上游的人，永远忘我劳动的人，永远谦虚的人。"这篇日记正是雷锋的自我写照，他就是这样的"力争上游""忘我劳动"的年轻人，小易心里喜欢的也是这种人。

小易放下日记，动手翻检雷锋的铺盖，要帮他洗洗衣服。雷锋夺过脏衣服，说什么也不让她洗。小易看见床上被褥也脏了，拽过被子就要拆，雷锋又夺过不让动。小易想帮忙，结果什么忙也没帮上。雷锋无论干什么事，肯于为别人献出自己的一切，却绝不肯也不习惯让别人为自己做点什么。但是，事有凑巧，小易终于有机会为雷锋做点事。

有一天晚上，雷锋为了不影响工友的休息，为了不浪费宿舍的电，在新建的车间调度室看书。深夜 11 点钟了，忽然听到外面下起雨来。他走出调度室，风雨迎面扑来，天黑得伸手不见五指。住在这里的陈调度员十分焦急地说："工地上还有六车皮水泥没有卸下来，让雨一淋就要变质，得赶快叫人抢救!"雷锋一听，吃了一惊，水泥是国家财产，绝不能让它受到损失。他马上顶风冒雨，跑回宿舍，叫来二十几个小伙子，成立了一个抢救水泥青年突击队。青年突击队员们冒着风雨，有的忙着找雨布，有的忙着找席子，给列车上的水泥盖好雨布和席子。这时雨还在继续下，还剩下一部分水泥没有东西盖。雷锋毫不犹豫地跑回宿舍，爬上床，抱起自己的那床蓝花被子，跑去盖住了最后几袋水泥。经过一场雨夜激战，水泥保住了。可是雷锋的衣服、被子却连泥带水搞了个一塌糊涂。天晴了，大家七手八脚地把雷锋的被褥里的雨水拧干，团总支李书记指定小易和一位女技术员于姐帮助雷锋拆洗被褥。小易连早饭也没顾得吃，抓紧拆开被褥，取出棉絮送到烧水房去烘烤。她不断地向炉膛里加煤，担心上午烘不干，下午做不完被子，晚上让雷锋盖什么？她刚挑起水桶，想去挑水洗被面被里，雷锋急匆匆地从食堂赶来，他一手递给小易两个烧饼，一手夺去她肩上的扁担，说："你吃早点，我去挑水，回来我自己洗，过后你帮我缝好就可以了。"小易争着说："你就把这个任务交给我吧，你昨晚没睡好觉！""没有的事。"小易拗不过他，只好由他去了。被褥拆拆洗洗再晒干，整整忙了一上午，最急人的是棉絮，小易在烧水房旁左烘右烤也不干，同时她发现，经雨水浸泡过的旧棉絮，一烘烤变得硬硬的，这样缝做起来盖在身上，肯定是既不暖和也不舒服，这可怎么办呢？去买新棉絮吧，当地无处买，去向公家要一床，雷锋肯定不会同意。小易想来想去，终于想出一个主意：先把我的棉絮悄悄换给他，以后进

城我再买床新的。之所以要悄悄地换，是因为雷锋的脾气她是晓得的，他只肯帮助别人，不肯让别人为他做任何牺牲，哪怕是一针一线。晚上，小易抱起缝做好的被褥走进雷锋住的土房，亲手把被褥铺在雷锋的铺位上。雷锋一再表示感谢，说亏了小易针线好缝得快，不然得当一夜“团长”了。雷锋喜滋滋地用手抚摸着铺好的被子，手指好像感觉到了什么，奇怪地“嗯”了一声，“不对呀！”他问身边的几个伙伴：“你们说，这棉絮经雨水泡过，是会变软呢，还是会变硬?”有个小伙子说：“当然会变硬，怎么会变软?”小易看这事要露馅，马上抢过话说：“你们外行，不懂，泡过的棉絮晾干后，用竹竿猛敲打几次，比弹过的棉花还要软呢。”“是这么回事”，雷锋拍打一下被头说：“感谢你为我劳累一天，更感谢你能把雨水泡过的棉絮变得这么软和。”小易心满意足了。

雷锋是个闲不下来不停做事的人，无论什么天气都如此。一天早晨，飘着小雪，气温降到零下 20 摄氏度左右，这样天寒地冻的天气，大家都蒙头睡觉，谁也不愿离开热被窝。雷锋的湖南老乡小叶要赶早到鞍山办事，一出门就打了个寒战，冻得人直打哆嗦。他袖着手，顺着傍山公路走着，老远就看见前边有个人影，个子不高，两个帽耳朵被风吹得直呼扇。那个人一手提着粪筐，一手拿着粪铲，一会儿弯下腰去，一会儿站起身来。当小叶走近那人时，吃了一惊："雷锋！"小叶跑过去，夺过粪铲，问道："你起早捡粪干什么？你要种地？""我种什么地，捡点粪支援姑嫂城生产队，支部不是号召我们多给生产队做些好事吗。再说，早点起来，也能锻炼耐寒力。"小叶非常敬佩雷锋的这种精神，他打消了去鞍山办个人私事的念头，也跟着雷锋捡起粪来。两个人一边捡一边闲聊。小叶看见雷锋只穿一件绒衣，就问："你的棉衣呢？""刚才我给吕大爷穿了。"雷锋说的吕大爷名叫吕长太，是附近姑嫂城生产队的一位牧羊老人。雷锋有时到生产队办事，了解到这位老人在旧社会是个受苦受罪的人，与雷锋有着共同的苦难家史。解放后虽然翻了身，但因家中仅他一个劳动力，在大队里是一个特困户。雷锋怀着无限同情到他家里探望，时间久了，感情越来越深，这位穷苦过的孤儿要认吕大爷老两口为干爹干妈。从此在他 30 多元的工资中，精打细算地省出一部分来资助吕家，像一个真正的孝顺儿子一样时刻关心着这个穷家。今早起来捡粪，遇到吕大爷出门去办事，雷锋见他穿的衣服单薄，就脱下自己的棉衣给老人披上了，老人说啥也不要，雷锋不答应，争执了半天，硬让老人穿去了。小叶关切地问：“你穿这么少，还坚持捡粪，不冷吗?”雷锋说：“咱们活动活动就暖和了，不能让老人冻着啊！我有个体会，当你为别人做了点好事的时候，自己虽然冷点，但心里是暖和的。”这件事让小叶更加敬佩雷锋，从此，小叶也经常和雷锋起早贪黑地捡粪。他们在工地附近挖了一个粪坑，粪坑装满了，便把粪送到姑嫂城生产队去，一共送了2000多斤。生产队要和雷锋算钱，雷锋怎么也没要，生产队社员非常感动，给工地领导写了封表扬信，决心要多打粮食支援工业建设。

雷锋在焦化厂工地工作了5个月，加上在鞍钢化工总厂的时间，总共只有一年零两个月。在此期间，他3次被评为先进生产者，18次被评为标兵，5次被评为红旗手，荣获了青年社会主义建设积极分子称号。1959年10月，他出席了“青年积极分子代表大会”，当他激情满怀地站上大会主席台时，他诚恳地表达了自己的心声：

我这样一个孤苦伶仃的穷孩子，今天能够参加这样的大会，感到十分光荣。万分感激党对我的教育和培养，我的一切都是党给我的。光荣应该归功于培养教育我成长的党。应该归功于热情帮助我进步的同志们。

我懂得一朵花扮不出春天，只有百花齐放才有春色满园的道理。

一花独秀不是春，百花齐放春满园。

参加这样的大会使他激动万分，同时也感恩万分。两年后，当他作为部队代表参加抚顺市人民代表大会时，他把这份对党和人民的深深感恩之情又通过诗歌的形式表达出来。

火红的青春，赢得了满身荣誉。与此同时，他又要走了，开始走向新的人生舞台与人生天地。

第四章
参军，从小就有的愿望

决心应召

在弓长岭焦化厂，当雷锋和青年突击队抢建完最后一栋宿舍，大家高高兴兴地搬进新房时，已是 1959 年 11 月末。这天，雷锋帮助易秀珍搬进了新房子，易秀珍拉着雷锋坐在暖烘烘的火墙前，问他："焦化厂马上要投产了，你是继续留在这里，还是想回鞍钢去?"雷锋看着小易只是憨笑，不肯说出自己的想法。同时，他那含笑的眼睛里分明流露着一种让人难以琢磨的神情。小易有些着急："光笑什么，你说呀!"雷锋收住笑容反问道："你呢? 你是怎么想的?""我……我想好了，你留下我也留下，你回鞍钢我也要求回鞍钢。"小易的话说得很坦率，雷锋应该理解这番心意。但是当雷锋坦率地说出了自己的心思时，却是小易万万没有想到的。雷锋说：“小易，我告诉你吧，我要当兵去!”“当兵?!”小易一下子怔住了，雷锋见她吃惊的表情，就耐心地解释说：“当兵是我从小就有的愿望，我是个苦孩子出身，吃过旧社会许多苦头。解放后，是党把我培养大的，一直生活得很幸福。我知道，这幸福来之不易，受过苦的人，谁不想保卫它！弓长岭矿已经开始征兵了，我准备报名应征。”这又是雷锋让人出乎意料的一次选择。不过对雷锋自己而言，参军是他长期积淀在内心的梦想与愿望，他的参军梦已经做得太久了。9 岁家乡解放那年，他就想跟解放军队伍走，但是部队要打仗，不可能带个孩子。14 岁那年，雷锋又恳求彭大叔送他当兵，因年龄小不符合条件，又没能如愿。如今，雷锋不再受年龄限制，参军的愿望更加强烈，只是他的参军过程曲折而复杂。

1959 年年底，弓长岭焦化厂从行政区划上归属辽阳市管辖。这里的征兵工作由辽阳市兵役局负责。辽阳市从 1959 年 12 月 1 日开始了征兵工作，当兵一下子成了厂子里工人们热议的内容。焦化厂党总支为了把征兵工作做好，在 12 月 3 日

召开了应征青年动员会。焦化厂党总支李书记做了应征动员报告，并通知本厂职工每二天早上8点开始报名。雷锋听完报告后，第一个发言表态："当兵是我们的义务，保卫祖国是我们的光荣职责，我坚决要求党总支批准我报名应征。"当晚，雷锋怎么也睡不着，外面下着雪，刮着西北风，吹得窗外呼呼作响。10点多钟的时候，雷锋干脆一骨碌爬起来，没来得及穿上外衣，就跑到负责征兵工作的李书记家里，一进门就问："李书记，我能入伍当兵吗？"李书记看到这样的大雪天，雷锋却穿得那么单薄，顺势就把自己的棉袄披在雷锋身上，对雷锋说："小雷呀！外边下着这么大的雪，你又没穿棉衣，不冷吗？你赶紧回宿舍休息，我一定大力支持你的行动，想办法送你参军……"话虽然这样说，但李书记思想上非常矛盾，像雷锋这样的青年工人到厂才几个月，就处处表现突出。作为厂里的书记，很想留下他，可是又不好正面阻拦他一心应征报国的愿望。所以他又对雷锋说："但是你个子小，体质也不够壮实，检查合不合格，我可不敢保证。"雷锋信心十足："只要厂里同意，我才不怕检查呢！"回到宿舍后，他更是无法入睡，一气呵成写了近1100字的《我决心应召》的入伍申请书。1959年12月9日，他的这篇入伍申请书发表在弓长岭铁矿的《矿报》上，申请书写道：

……参军，是我从小就有的愿望，人民解放军不仅是一个团结友爱的大家庭，而且还是个培养青年的革命大学校。现在我的愿望就要实现了，怎么叫我不高兴呢。

当我在入伍簿子上写到我要坚决“参军”二字时，一段辛酸的回忆涌上了我的心头：

……

那时我真想，要是有亲人来搭救我，我一定要拿起枪，粉碎那些狗豺狼！为爹妈报仇。

光明伟大的党啊！您拯救了我，给我吃的、穿的，还送我念书，高小毕了业，加入了光荣的共青团，参加到了祖国的工业建设，一天天地成长起来。

伟大的党啊！您是我慈祥的母亲，要是没有您，我很难想象到自己的一切。今天您需要我，我一定挺身而出，不怕牺牲和一切困难，永远忠于党、忠于人民，继承先辈优

良的革命传统，为建设现代化的强大的国防军，为保卫社会主义建设，保卫世界和平，我要把自己可爱的青春献给祖国最壮丽的事业！做一个真正的共产主义革命战士，粉碎帝国主义！早日解放台湾！

焦化车间工人雷锋

第二天早上 3 点多钟，雷锋就跑到了报名站，争取第一个报名。没想到一个姓马的青年工人比他来得更早，头一名让人家占了，他成了第二名，为此他直跺脚，遗憾不已。

报名以后，雷锋非常激动地等待公布应征体检名单。但是等了几天不见结果，他实在等不下去啦，去找团总支书记请了假，走了几十里路，来到辽阳市人民武装部。武装部负责征兵的同志接待了他。他一开口就说起自己的经历，恳切地表达了他要求参军的决心。武装部的同志见他要求参军的心愿十分恳切，态度坚决，就让他先去检查身体。到了检查身体那天，检查站挤满了人，参加体检的青年都是各单位选拔出来的。雷锋看到别人都比自己长得魁梧，心里很不踏实，深感这一关恐怕不好过。轮到雷锋量身高、称体重时，他把身子挺了又挺，还踮起脚来。但是也只有 1.54 米；称体重时，又把身体使劲向下压，也只有 48 公斤，这和中央军委下达的 55 公斤体重和身高 1.60 米的征兵标准都有一段距离。给雷锋体检的老医生摘下老花镜说：“雷锋，你的身高、体重都不合格。”旁边的军医伍医生看到这里，立即告诉雷锋：“你可以回去了!”雷锋赶紧回答：“我这两天感冒，今早到现在还没吃饭。”伍医生一听这话笑了，对雷锋说：“你肚子好大呀！一顿饭能吃十多斤，真了不起啊!”雷锋却十分认真地回答：“医生，我真的很能吃。”体检完毕，天色已黑。回厂时，冷风刺骨，寒冷难当，雷锋也不戴帽子，迎着冷风使劲唱歌：“雄赳赳气昂昂，跨过鸭绿江……”这时他的心情难以平静，申请书呈交上了，但体检没能过关，迎风而歌也许是他发泄内心惆怅、郁闷的一种方式。

不过雷锋的希望之火并没有熄灭，他很快振作起来，开始了艰苦的多方面说服工作，他向厂里请了假，来到辽阳市兵役局，直接来到兵役局政委兼征兵办公室主任余新元的办公室，可是余政委有事外出了。雷锋就一直等着余政委，白天

没见到，又在夜里等。夜里，他就在值班室中蹲了一宿。第二天一大早，余政委就来了，雷锋并不认识余政委，但是看到他穿着中校军装，马上意识到这肯定是个说了算的首长，开始黏上余政委。余政委弄清事情的原委，听了雷锋讲了自己出身后，不动声色地告诉他："你先回去吧！我打电话问清你的情况，再商量一下！"雷锋双眼一亮，立刻穷追不舍地问："你说话可要算数！"余政委说："算数！"雷锋说："那我明天再来！"余政委赶忙说："你不要来，如果同意你当兵，就直接参加正式体检。"雷锋走后，余政委打电话询问了弓长岭矿的李书记关于雷锋的问题，李书记告诉他："个子小，体重不够，还没有政审表。"等到第二天，雷锋果然又来了，以恳求的眼光看着余政委，问他了解情况没有。余政委客观地向他说明了新兵的标准和送兵的规定，告诉他要知难而退。但是雷锋却不退，缠着余政委讲他的参军愿望，讲自己的苦难史。余政委回问了一句："你家有什么人？"雷锋神色黯然地答道："什么人也没有了。"余政委听了这话后，心里震动了一下。这时他才知道雷锋是一个孤儿，就让雷锋讲一讲是怎么成为孤儿的。雷锋讲完了他的苦难史后，擦了一把眼泪，话语一转说："政委，我的身体条件不合格，是旧社会的苦折磨的，你想，一个挨饿受冻几乎丢命的伢子能长出好身体吗？但是，旧社会的折磨都记到现在的账上，您说能合理吗？"这句反问又一次深深地震动了余政委。雷锋又反问了一句："政委，兵役法规定：保卫国家，人人有责，我这样的人有没有这样的责任呢？"余政委脱口应了一声："有！但是身体不行啊！"雷锋立即抢着说："我可以进部队去锻炼！您是政委，又是老红军，您叫我去我去，不叫我去我也去。穿军装当兵，不穿军装我也当兵！"余政委被雷锋弄得没有办法了，对他说："你回去吧！我找你们李书记好好说一说，争取复检一次身体。咱把丑话先说前头：复检上了就入伍，复检不上，我就没办法了。"雷锋立即答道："行！检不上再说！"

第三天上午，雷锋又早早来了，这一回来头不善，把一个棕色皮箱都带来了，决定不走了，叫当不叫当都这样了！他放下皮箱，就开始抹桌扫院，打开水，到处抢活干，让兵役局的同志很无奈。傍晚下班时，雷锋拎起小皮箱找到余政委，说："你不同意我当兵，我就跟你回家，我

非要当兵不可！”余政委看雷锋无处吃饭，无处住宿，只好把他带回家。雷锋是一个很勤快很会说话的小伙子，到了余政委家扫地、打水、擦玻璃、生炉子……很快博得了余政委爱人田儒文的喜欢。余政委的两个女儿和三个儿子也和雷锋玩在了一起，大家在一起相处得像一家人一样，结下了深厚的友谊。

余政委考虑到底怎样才能送他进部队，凭着雷锋的身体条件，仅以兵役局的名义与接兵部队协商，讲起话来缺乏力度，成功的可能性较小。于是余政委决定争取中共辽阳市委曹琦书记的支持。余政委为此专门给曹书记打了电话，他从雷锋的家史、成长史、贡献史讲起，绘声绘色地描绘他要求参军的举动。曹书记听了后非常感动，大声地说：“老余，你就送他去当兵，市委负责任，好青年嘛！身体不合格，政治条件合格不更好吗？”有了市委的支持后，余政委又和负责接兵的军官戴明章友好协商。并把雷锋介绍给他当临时通讯员。

一到新兵营，雷锋就开始发挥出他特有的感染力。早上，他比所有的人都起得早，接兵部队的人还没起床，雷锋就已经为他们摆好脸盆，倒上洗脸水、漱口水，牙膏都已经挤好在牙刷上。晚上，他为劳累了一天的接兵部队的首长们打来热气腾腾的洗脚水。尽管雷锋还不知道自己最后能不能入伍，却主动做起了宣传教育工作。他逢人就讲应征入伍的重要性和自己一定要当兵的决心。很多城市来的新兵们还不太适应即将开始的军营生活，想家、怕吃苦的情绪很普遍，雷锋的宣传工作，对新兵的情绪稳定起到了很好的慰藉效果。戴参谋与其他部队首长对雷锋的工作很满意。但是雷锋的参军问题不是那么简单，一方面弓长岭矿的领导出于爱心和不舍，不愿放他。另一方面，按照接兵的规定，有两条原则不得违反：一是年龄问题，差一天不可。二是政审表，盖章不完全不能征，雷锋缺得恰恰是政审表。虽然在各方的协助下，雷锋同体检合格的青年一起在南林子新兵集结点集合，但经过陆海军复查之后，新兵们都换上军服第六天了，雷锋还是“便衣通讯员”。看到战友们激动得一个劲地摸着自己刚穿上的黄军装，雷锋情绪很低落，急得像“热锅上的蚂蚁”。对此兵役局告诉他：弓长岭矿的保卫部门不给出具政审表，原因是雷锋于 1958 年入厂时没有原始档案。按照一般常理，雷锋是

当不成兵了。但是雷锋的“攻心”力量的确很强大，在他不懈要求与坚持下，戴参谋决定使用一次特权。1960 年 1 月 7 日晚戴参谋用军用长途电话接通了营口，向老团长吴海山直接报告了雷锋的情况，并说明了地方党委、兵役局的“保送”决心，告诉吴团长他有意带回雷锋。吴团长听后在电话中果断地回答：“一切由你军务参谋看着办好了！”

得了吴团长的指示后，戴参谋马上向兵役局汇报了通话情况，然后在新兵的花名册上填上了雷锋的名字。当天深夜，在新兵出发去营地前的 8 个小时，才通知雷锋本人，并命令他换上新军装。雷锋终于如愿穿上了黄军装，那套军装是人家挑剩下的最后一套，雷锋穿上后，非常肥大，袖子也很长，还有些皱皱巴巴。他小小的个子穿上这样的大军装，显得有些滑稽，但他却满脸带笑，手舞足蹈，左一个军礼，右一个军礼，感谢首长，感谢同志，把别人都逗笑了。

雷锋领到入伍通知书后，像个过大年夜的孩子，忙活了整整一夜。他跑回工厂把这一消息告诉了工友们，告诉了易秀珍。当大家帮助雷锋整理行装时，他把自己穿过的旧衣服包了一包，托小易送给姑嫂城生产队的五保户、牧羊老人吕长太。又把小易给他拆洗过的被褥叠得整整齐齐地交给小易，当着大家的面说让小易为他保存起来，过后却悄悄地对小易说："小易，山沟里天冷，不要再盖我那床硬撅撅的棉絮了……"小易一怔："怎么，你已经晓得了？"雷锋深情地说："你的心意我是知道的。你拆洗被褥的第二天，趁你不在屋，我去翻看了你被子里的棉絮。于姐也告诉了我，你别以为谁都不知道……"小易不让他再讲下去，只要他了解她的心意，也就心满意足了。这床被子也是雷锋留给小易的一件纪念品。周围的人早就看出小易的心事，在小易和雷锋分别的前夕，热情的团总支李书记和于姐把他俩找在一起，问他们在爱情问题上有什么打算，需要什么帮助。小易脸红了，一时不知该怎样回答，而雷锋却郑重地说："我和小易是同乡，从长沙到鞍钢，我们好得像兄妹一样，从来没有谈过这些事情，我们都还年轻，谈这种事还早。我参军以后，我们会继续互相关心，互相帮助的。"小易听了后最终也没有说出什么。

在送雷锋参军的欢送会上，易秀珍亲手给他戴上了光荣花，又一直把他送到辽阳南林子新兵

集结地。易秀珍站在送行的人群中，脸上一直在笑着，眼中却滚动着泪珠。1960 年秋天，雷锋到辽阳做报告，顺路到弓长岭矿山看望了小易，晚上小易送他到火车站。但是那次分手，谁也未想到竟是永别。

军旅生涯

列车启动的时候，车上的新兵看着越来越远的家园、站台上的亲人，气氛一下子变得沉闷起来，有的新兵发出微弱的啜泣之声。忽然间车厢中响起了歌声，初时微弱，渐渐高亢起来："雄赳赳，气昂昂，跨过鸭绿江。保和平，为祖国，就是保家乡。中华好儿女，齐心团结紧。抗美援朝，打败美帝野心狼！"新兵们循声望去，发现这歌声来自雷锋的口中。有些活泼的新兵与他搭话，夸他唱得好。雷锋便邀请他们一起唱，他站到桌子上指挥、打拍子，车厢里先是几人唱，后来是十几人唱，再后来是全车厢人一起唱，一曲接一曲，整个车厢的气氛活跃起来，热烈而奔放。热烈的合唱过后，车厢里平静下来，连续几天来，新兵营的首长都没有得到很好的休息，现在困倦得昏昏欲睡，却无处可睡。雷锋悄悄地去了车长室，不一会快步回来了，向戴参谋及其他几位首长报告说："各位首长辛苦了，我已和车长联系完毕，请到最后一节卧铺车厢休息。"这让几位首长很惊讶，他们想不到的事情这个小鬼居然想得到，而且"神通广大"地把这件事办成了。

第二天下午，军列车到了营口火车站，吴团长带着战士早已在站台列队迎候。他们喊着"热烈欢迎新战友"的口号，敲锣打鼓，一片喧闹。新兵到了营地后，操场上已经布置好了"欢迎新战友入伍"的会场，雷锋被指定在大会上作为新兵代表上台发言。大会首先是吴团长讲话，接着老战士代表讲话，最后是新战士雷锋发言。此时的雷锋已经是久经"大场面"的人物，从家乡儿时的砍柴小分队，到荷叶坝少先队，再到后来的县委、农场、工厂，他扮演的都是主角，出头露面，或者演戏或者演讲。在这样的大型会场上，他沉着地走上讲台，向所有人敬了个刚刚学会的军礼，然后掏出演讲稿，用浓浓的湖南乡音说："敬爱的首长和老大哥同志们，让我代表新战士……"那天的风特别大，而且大会是在露天举行的，雷锋一句话还没讲完，一阵大风吹来，把他的演讲稿子弄乱了。他急忙用冻得发抖的手把演讲稿弄平，可没讲两句，风又把演讲稿弄乱了。他索性把演讲稿收了起来，对着话筒即兴发言：“我们这些新战士能在60年代开始的日子穿上军装，扛起枪杆，感到非常光荣和高兴。我们来自祖国的四面八方，有工人，有社员，有学生，可是我们只有一个心眼：为了保卫祖国，一定要当个像样的兵，绝不辜负首长和老战友的期望。刚才团首长讲了，希望我们争当五好战士。我说，有党的领导，有老同志的帮助，别说‘五好’，就是十好八好的，也保证能当上……”雷锋讲话高亢清朗，抑扬顿挫，他的讲话博得了全场一阵阵热烈的掌声。吴团长高兴地大声夸奖道：“这个小战士个头儿不高，讲起话来倒是蛮有精神。好！讲得好！”韩政委也说：“这个小雷锋年纪不大，可是政治觉悟比较高，是个好兵，我看让政治处注意一下，不管分配到哪个连队，看他今后的发展怎么样……”从工厂带来的一大堆荣誉，“咬定青山不放松”的参军过程，加上这新兵代表的“脱口秀”，为雷锋日后成为团里的重点培养对象埋下了伏笔。

在进入新兵连后，军事训练开始了。冬季的

营口正是天寒地冻、滴水成冰的季节。位于辽河附近的新兵训练场上北风呼啸，吹到人的脸上就像刀割一样痛。“练三九，战严寒”，这是上级对寒区部队的训练要求。冬训的课目艰苦而又超强度，从立正、稍息到摸爬滚打，从射击、投弹到单杠、双杠等，要求严格。

雷锋身材矮小，却十分灵活，跑跳都不比别人差。单双杠也玩得很好，打起枪来也能十发九中，样样优秀。但是，投弹训练开始了，雷锋碰到了不小的麻烦。投弹训练对于一些身强力壮的大个子来说，即使不用练习也能达到投掷标准的要求。雷锋的几个大个子战友挥动着长臂，投一次就达标了。而雷锋个矮臂短，先天比别人吃了很多亏，人小力量也小，手榴弹在雷锋手中显得格外沉重，投一次不够，两次、三次，还是不行，常常不及格。班长指导方法，战友传授要领，他自己又琢磨又练习，胳膊都甩肿了，但是进步不大。好强的雷锋沉默了，但是却未服输。别人休息时，他一个人悄悄跑进操场，操场上冰雪覆盖，大风呼啸，扬起的雪粉直扑脸。他不管雪冷风寒，用劲甩甩胳膊，运运劲儿，狠狠练起了投弹。他知道自己投弹不及格主要原因是臂力不够，为了增强臂力，他不管投多远，只要教练弹一出手，他马上追过去，抓起来再往回投往回跑，像一只小老虎，来回奔跑在操场上。练了投弹，他又去练单杠。杠子高，每上一次杠，都要用好大的冲劲，手握铁杠，扎骨冰凉。他咬着牙，反复引体向上，锻炼臂力，“一下，两下，三下……”一直到双手再也抓不住杠子了，他才肯休息一下。稍有缓解，继续练，一直练得浑身出了汗，衬衣都被汗水浸透了，他还在练。

“雷锋!”突然有人喊了他一声，他转身一看，薛班长朝他跑来。原来宿舍已经吹响了熄灯号，但是雷锋没有听见。薛班长没有见到雷锋，就找到了操场上。班长带着责备也带着关怀，对雷锋说：“你怎么能这样拼命练呢！走，快睡觉去!”说完紧紧地抓住他的手，把他拖回宿舍。他的身子刚一沾床，浑身骨节像针扎似的疼，翻翻身就更疼。不过他像着魔了一样，在被窝里也还在琢磨投弹的要领，想着想着睡着了。做梦也还是在操场上狠狠扔着手榴弹的情景。第二天一早，雷锋的铺位空着，操场上的他又在热气腾腾地练开了，此后一连十几天都是如此。

实弹考核开始了，新兵连的战士们集合在靶

场上，按照命令，一个接着一个，把手榴弹投向假设的敌堡。“雷锋就位！”连长发出了命令，雷锋的心怦怦直跳，班长在旁边低声叮嘱：“沉着，别慌，努力了就是……”雷锋拧开手榴弹盖，将小铁环套在指头上，全身一跃，跳出了堑壕，冲过一段开阔地，在投弹线上猛力一甩，只听“轰”的一声，手榴弹命中“敌堡”，报分“优秀”。全连都知道“优秀”的来历，大家一片喝彩之声，纷纷向他祝贺，雷锋心里乐滋滋的，嘴里连声说：“还要练，还要练……”

新兵训练结束后，他被分配到了运输连，学习汽车驾驶。为庆祝新兵训练的结束，部队晚上召开了文艺晚会。晚会上，雷锋朗诵了自己刚刚写的一首小诗《穿上军装的时候》：

小青年实现了美丽的理想，
第一次穿上了庄严的军装，
急着对照镜子，
心窝里飞出来金凤凰。

党分配他驾驶汽车，
每日就聚精会神坚守在机旁，
将机器擦得像闪光的明镜，

爱护它像爱护自己的眼睛一样。

雷锋的朗诵情绪激昂，饱含深情。战友们给予这个富有激情的文艺青年热烈的掌声。第二天一清早，连队要移防去执行一项新的任务，新战士也随建制连队出发。但是在出发前，新兵连通信员突然通知雷锋马上到连部去一趟。雷锋急匆匆赶到连部，新兵连指导员不慌不忙地让他坐下，说：“雷锋啊，你要去完成一项新的任务……”“我已经知道了。”没等指导员把话说完，雷锋就接上茬儿，“我马上就跟班长到运输连去。指导员还有什么指示吗?”指导员笑了，对他说：“你呀，暂时不要到运输连去了。昨天开晚会，团俱乐部主任来听了你的诗朗诵，非常看好你，选上你这个‘演员’啦，刚才团里来电话，指名叫你去参加团里的战士业余演出队，今天就去报到。”“这……”雷锋万万没有想到，在他已经打好背包就要到运输连去的时候，组织上竟让自己留下来参加演出队，这实在太突然了。不过，参加演出队也是党的工作，组织上既然已经决定了，也无话可说。“服从革命需要，党叫干啥就干啥。”雷锋响亮地回答着。

在荷叶坝小学时，他就是学校的文艺积极分

子。战士业余演出队人少节目多，每个人要担当好几个角色，才能组织一场晚会。团俱乐部主任让大家根据自己的特长，自报节目，能演什么就演什么，雷锋劲头很大，他报了诗朗诵、快板两个单人节目，还主动报了三四个集体说唱节目。团俱乐部主任又高兴又有些担心，对雷锋说“你演这么多，能按时背下台词吗？”“保证！”雷锋满怀信心地答道。分完了角色，他就拿着脚本起早贪黑地背台词、练动作，有时忙得连饭都忘了吃，睡梦中还念念叨叨的，只几天的时间，他就把所有的台词背得滚瓜烂熟。可是，当大家一起合练节目时，才发现雷锋的普通话家乡味太浓了，带有很重的湖南腔，他说的台词和大家的声音不协调，台下的人听不清楚。演出是给大家看的，一旦台词不清，难免剧情不明，让人欣赏起来有困难。演出队的负责人在一起商量怎么解决这个问题，有人提议把雷锋换掉，因为时间有限，现学怕是来不及。但是又考虑到他练得那么热心，那么认真，一下子不让他演了，是不是会挫伤他的积极性，他的心里有意见呢？这时有人提出了折中的意见，演出队里还缺一位负责剧务工作的人员，要不让雷锋来做吧？但是雷锋会同

意吗？团俱乐部主任非常谨慎地找他谈了话，出乎他意料的是雷锋听后畅快地表示，只要能把节目演好，叫我干啥都行。团俱乐部主任有些感动地说："我们的一些干部觉悟水平也难赶雷锋啊！"没有了演出任务，雷锋就负责剧务工作，对于这样一份杂务工作，他同样干得尽心尽责。每天早起给演员们烧好洗脸水，演员们排练时，他又把烧好的开水，一碗碗递到他们的手中。每次排练后，他都要最后留下来清扫排练场地，收拾道具乐器，星期天也不休息。为了使节目早日上演，排练工作紧张异常。雷锋把演出队的勤杂工作全部包下来了，自动当了大家的勤务员，悄悄地把演员们换下来的衣服、脏了的床单洗得干干净净。演员感冒头疼，他主动拿药，半夜里侍候吃下，递水递饭。当节目演出获得成功时，观众对演员报以热烈的掌声，没有人看见大幕之后的雷锋正在紧张地搬道具、装布景、送茶水、递服装……但是他对战友们演出的成功，仍然发自内心的高兴，笑得像一个孩子。

演出任务结束后，雷锋立即回到运输连，开始驾驶技术的学习。当时新兵排的战友已经学习了一个多月的理论课目，马上要进入实习驾驶阶段。一个新的情况摆在雷锋面前：他能否赶上被落下的课程。他焦急地找到新兵排排长，恳切地说："排长，你可得赶紧帮助我呀！"排长给了他一本《汽车驾驶》课本，说："咱们一块学吧。你下连晚了，光着急没用，一时上不了工地，晚几天就晚几天吧！""晚几天怎么行！"雷锋是一个从不甘居人后的人，做任何事情都要做到最好，开拖拉机、开推土机都如此。但是汽车自有汽车的奥妙，开汽车与开拖拉机、推土机毕竟不一样。他根据课本上的图例，把汽车的构造、各种机件的性能和操作的方法与拖拉机、推土机做了比较，找到几种机械的不同点。车场上一有空车，他就拿着笔记本爬到车上，钻到车下，对照着机件一件一件地熟悉它、掌握它。这样，他很快就从汽车的原理、构造上，把汽车的特点摸熟了。熟悉了构造原理、机械性能后，接着就该上车学驾驶了。但是，由于连里运输任务重，新兵排二三十人，每人每天轮流驾驶不了一次车。雷锋不愿抢战友的练习时间，自己又必须加紧学习，就产生了想要造一个模拟汽车教练台的想法。他和一个姓韩的战友一起找来废旧材料，又是比画又是琢磨，还找来了教员帮忙。过了几

天，雷锋他们就把这个模拟汽车教练台鼓捣了出来，非常逼真，功能齐全。战友们都很感兴趣，每天晚饭后，都围着这个模型，挨个上去“体验”一把。而制作人雷锋站在旁边，不断地告诉战友们这点应该怎么做，那处跟实际有什么区别，到真车上以后要注意什么，等等。而他自己也抓紧一切时间，坐在教练台上反复练习踩油门、踏离合器、挂挡、掌握方向盘……他经常向老汽车兵请教，询问遇到紧急情况应该怎么处理。外出时坐公交车，即使有座也不坐，他喜欢站在司机后面看司机怎么操作，怎么应付路上出现的情况。按常理，汽车兵并没有被要求学习修理汽车技术，但是教员对雷锋这些新兵说过：“一个好汽车司机，不是只会开就可以了。想没想过汽车在荒郊野外出现意外怎么办？真正驾驶汽车的高手同时还是一个好的汽车修理工人，要善于听到汽车的声音，就知道汽车有无故障和故障出在哪里，要学会排除故障。”雷锋听了之后就把它牢记在心里了，经常抽出时间学习汽车修理，对于汽车的千百个零件常常是口念脑记，每日里念念有词。熟记之后，再理解功能，再理解相互关系，力求对汽车有一个通透的了解。因为他的优秀表现，一个月后，经过考核，他成了合格的汽车兵。连队把雷锋从新兵训练排调到二排四班，交给他一台13号军用卡车，批准他跟老汽车兵一起上工地执行运输任务，小韩给他当助手。当雷锋亲自为工地运去第一车水泥的时候，看着工地宏伟的建筑工程已经打好地基开始砌砖了，他感慨地对四班的战友说："咳，我来晚了!"一个老战士说："怎么会晚呢，你是从新兵训练排下战斗班最早的一个呀，你可是后来居上啊!"

雷锋对自己学习使用的每一样物件都非常爱护、珍惜，当年雨中彻夜未眠保护拖拉机如此，现在对于使用的汽车更是如此。分配给雷锋驾驶的13号汽车，是整个运输连技术状况最差的车，这台汽车是抗美援朝时期的"嘎斯51"型汽车，已有十余年的历史，并且参加过抗美援朝。虽经过多次大修，但各部件磨损严重，是全连耗油最多的一辆车，被战友们称作"耗油大王"。连首长看到雷锋不仅刻苦钻研技术，而且爱车如命，就把这台"耗油大王"交给他这个最负责任的人。雷锋决心要制服这个"耗油大王"。他发现这台汽车油化器的油针太粗了，就设法调理油针，尽量使这台车的耗油量最大限度地降下来。

为了不影响正常运输任务，他把大部分业余时间都用在了维修保养车辆上，为了保养好这辆车，他不知牺牲了多少个日日夜夜。经过细心保养，这台破旧的“老爷车”逐渐焕发了青春。为了节省汽油，他煞费苦心，在保证安全的前提下，充分利用汽车行驶中的惯性，滑行节省汽油。在启动汽车时，起步之前不轰大油门。保养汽车时，不用汽油清洗机件。这辆全连皆知的“耗油大王”在他的保养、使用下竟然变成了全连的“节油标兵车”。雷锋在日记中写下自己的体会：“事实证明，只要付出了艰苦的劳动，车子就会听使唤。平时不愿下苦心，不肯做艰苦细致的工作，要想车况好，那就像坐着不动，想让苹果掉在嘴里来一样，是根本不可能的。”

雷锋对汽车驾驶的关键——“安全驾驶”尤为看重。一次出车前，雷锋和助手小韩检查车辆时，发现一个豆粒般大的火花塞帽不见了，找了半天也没找到。小韩着急出车，便找来一个新的火花帽，说：“把它换上，赶紧出车吧，今天的任务很重！”“任务再重也不能这样开车，要是火花塞帽掉进气缸里，一开车就会发生事故，给国家造成损失。不找到这个火花塞帽，我们就不能出车！”小韩见他这样坚决，就跟他一起将车辆机件拆开，细心查找，终于在气缸里找到了火花塞帽。这件事让小韩受到了很大的教育。

雷锋后来当上了四班班长，率领全班多次完成上级交给的艰巨的运输任务，被评为“出车安全先进班”，这个荣誉的获得与雷锋脑海中坚固的“安全驾驶意识”是牢牢分不开的。他为了确保执行任务时的行车安全，给班里的战友制定了许多注意事项。而且每次出车去某地，他总是给战友们提前做好功课，了解这条道路是否有什么值得注意的地方，再分析该怎样避免行车中的问题。1962年春天，雷锋带领全班同志和兄弟班的几个战友，远离连队，配属后勤器材处，单独到铁岭下石碑山区执行国防工程运输任务。从抚顺驻地到铁岭下石碑山区这条道路极其艰险，四班进驻山区以后的运输任务多半要在这条路线上完成。为了确保全班行车安全，雷锋一到山区，就仔细勘察了这条道路，并在笔记本上画了道路勘察符号和情况说明下石碑山至抚顺道路的情况：

发车下石碑山，经过水沟一条，土包一个，直角弯一个，到上石碑山。经横道河，过水沟一条，经过一个急转弯，过水沟两

条，到金华楼。过桥过水沟一条，过桥，经过山道弯急，过桥，上大坡，到会源堡。拐直角弯一个，走山道（有急弯二个），过木桥，到后兴安堡。拐急弯一个，过水沟，拐急弯，过木桥到前兴安堡。过木桥二座，拐急弯过桥，拐急弯过桥，过小河，拐急弯，过土包到大马金庄，过桥二壁，土包一个，到小马金庄。拐急弯，上抚顺大岭，过水沟一条，到抚顺城。过铁道拐急弯，过交通岗两个，经铁桥，走转盘，过交通岗二个，到抚顺市（到火车站）。

这份精确的道路说明见证了雷锋所在班执行任务要走得那段路程的艰险、复杂，但更为重要的是可以看到雷锋执行任务之前做勘察如此扎实、细致。

为了行车安全，雷锋不仅让全班同志牢记这条道路的复杂情况，他还和战友共同研究制订了“四勤、三先、五不超、六不走、九慢”的安全措施：

四勤：1. 勤检查；2. 勤保养；3. 勤督促；4. 勤清洗。

会车三先：1. 先慢；2. 先让；3. 先停。

五不超：1. 不超速；2. 不超载；3. 不超高；4. 不超长；5. 不超宽。

六不走：1. 行车文件不齐不走；2. 车辆检查不好不走；3. 油料不足不走；4. 人员没坐好不走；5. 操纵机械有故障不走；6. 没有上级首长的指示不走。

九慢：1. 转弯慢；2. 交叉路口慢；3. 坡道慢；4. 人员多的地方慢；5. 复杂气候慢；6. 过铁道慢；7. 道路不熟慢；8. 桥梁渡口慢；9. 错车慢。

这些行车安全措施，可能会让很多人嗤之以鼻，因为这样开车确实很麻烦、死板。要严格按照这个“措施”开车，要耽误多少时间？但是凡事预则立，不预则废。正是因为有了这份细致与“麻烦”的安全口诀，雷锋带领的四班在山区的总行车里程 26000 多公里，从未发生过任何事故。零事故让很多司机惊叹不已，而且做到这一点的不是一个人，而是整整一个班。

作为汽车兵，雷锋带领四班在外执行任务时，敢于承担责任，严格遵守部队纪律。有一次，雷锋和战友开着汽车去拉粮食。途中，有几只鸭子晃晃悠悠地过马路，阻碍了雷锋他们前行的道路。由于任务紧急，加上路途比较遥远，雷锋等人在路上一刻也不敢耽误。战友驾着汽车，看着慢悠悠的鸭子，心里非常着急。为了不耽误时间，驾驶员按起了喇叭。这一按把鸭子吓得到处乱窜。驾驶员看到这种情况，也慌了手脚，一不小心踩到了油门，轧死了一只鸭子。雷锋见状，赶紧帮驾驶员刹住了车。“这下怎么办呢？把老乡的鸭子给轧死了。”驾驶员一脸的无奈。雷锋安慰道：“咱们先去给老乡道歉吧，再把这鸭子的钱给赔上。”“可是……可是，这下我们就耽误时间了，完不成任务，回去还得挨批。”驾驶员犹豫着说。“我们做了错事，就应该承担起责任。不然，哪怕是完成了任务，还是弥补不了现在犯下的错误。”雷锋严肃地对战友说。于是，雷锋和战友提着那只鸭子，跑到附近的村子，挨家挨户地打听，直到找到养鸭的老乡。雷锋和战友向老乡道了歉，还赔付了鸭子的钱，这才安心地继续执行任务去了。

还有一次，雷锋带着全班战士，到一个离部队驻地很远的山区执行任务。乡亲们看见部队开着汽车缓缓而来，非常高兴。这个小山区顿时沸腾了，他们主动为战士腾房间，准备吃的，忙前忙后。雷锋对乡亲们热情的款待非常感激，不过他还是婉言谢绝了乡亲们的好意。他对战士们说，人民群众的生活也很困难，咱们是来执行任务的，不能给当地的老百姓们添麻烦。随后，他们在村子后面的山脚下，找了一块空地，自己搭建了临时的驻地。然后，又把乡亲们送来的东西，一一退了回去。有些东西实在没法退掉的，就付了钱。乡亲们对于雷锋他们的行为非常感动，感叹道：这真是人民的队伍！

新兵立了三等功

雷锋在入伍那年的秋天便荣立了三等功。一般而言，当年入伍的新兵，由于刚到部队，无论政治思想还是军事技能都还处在学习阶段，因此很少在入伍当年就能荣立“三等功”的，在和平年代这种情况就更为罕见。但是雷锋当年在救火和抗洪抢险中的突出表现使他获得三等功显得合情而又合理。

1960 年刚入秋的一个傍晚，雷锋正在宿舍里学习，忽然发现营房附近的一栋房子里冒出了滚滚浓烟，接着窜出一股火苗。雷锋透过窗子仔细

一看，急忙站起来：“不好，着火了。”说完扔下书本，拿着脸盆第一个跑出了宿舍。到了现场，发现火势已经很大了。用脸盆端水根本压不住大火，在风的助推下越烧越旺。情急之下，雷锋放下水盆，拿起一把大笤帚就扑上去，不住拍打火苗，试图压住烈火。火星溅起来，烧焦了他的鞋子、衣服，但他只顾救火，一点也不在乎这些。火很快烧到了房脊，雷锋又奋不顾身地攀上房脊，挥起扫帚与烈火展开搏斗。有的战友担心地喊道：“快下来，房子要塌了，赶快下来吧！”正在这关键时刻，消防车赶来了。雷锋和战友们配合消防队员，一起把火扑灭了才回到营房。这时，雷锋才发现自己的鞋烧坏了，衣服烧破了，手也烧伤了。战友们看到他那烟熏火燎的样子，开玩笑说：“雷锋，你的眉毛都烧掉了。”雷锋摸了摸眉毛，笑着说：“眉毛烧没了，就像割韭菜一样，很快就会长出来的！”雷锋成了伤兵，手上缠满了纱布。不巧的是，雷锋的肠炎在救火后也复发了，身体状况十分虚弱。

一连几天，抚顺地区骤降暴雨，酿成了洪水灾害。洪水越涨越猛，淹没了庄稼，淹没了公路，淹没了洼地房屋，人民的财产受到了严重威胁。雷锋所在运输连几十辆汽车集结待命，准备开赴抗洪第一线。8 月 3 日，运输连接到了上级命令：到郊外上寺水库去抗洪抢险。在分配任务时，由于雷锋救火时手上的烧伤还没有好，加上肠炎复发，李连长考虑到他的身体状况，决定留他在连里值班。命令刚传达完，雷锋就急忙奔到李连长跟前："连长！你怎么能在这种时候把我留在家里？"李连长望着他那消瘦下去的脸颊说："你身体不好嘛！"雷锋急切地说："谁说我身体不好？在这种时候，不能把我留在家里！"李连长坚决不同意，等到队伍要出发了，雷锋追着集合队伍就要上车，车都开动了，他还抓着卡车车厢跑，没办法，战友们只好把他拽上了车，他如愿以偿地和部队一起来到上寺水库。运输连的任务是挖掘溢洪道，以减少洪水的存量和对大坝的冲击。运输连接受了任务后，连夜备战起来。雷锋在这样紧急的情况下，完全忘了自己的病痛，站在最危险的地方，和战友们一起，顶着暴风雨，蹚着过膝深的泥水，挥舞铁锹，猛力干起来。当雷锋正干得起劲的时候，突然，大堤边上的一大片黏土被暴雨冲了下来，他在下边挖泥没防备，黏土砸了他一身，手中的铁锹也被打掉

了。他不顾满身泥水，弯下腰去找铁锹，但是天黑雨大，没有找到。没有锹，他就用手挖泥，挖一块往上甩一块，有时甩不上去，土坨子掉下来打在身上，弄得他浑身上下全是泥水。一气儿干了很长时间，雷锋才觉得手指火辣辣的疼，直起腰来，走到微弱的灯光下一看，那只烧伤的手指被磨破了，流出了血。身边一个战士看见了，要他去找卫生员，他说什么也不肯去，现在情况太紧急了，这点轻伤决不能下火线。李连长发现雷锋手中没有铁锹，用手挖泥，就高声喊道："雷锋！你马上到广播站去，把咱们连的好人好事宣传宣传。""是！"雷锋飞快地向广播站跑去，半路上看见兄弟连一个战友没穿雨衣，浑身淋得透湿，冷得直打战，就立刻脱下自己的雨衣，披在那个战友身上。那个战友一转身，他已经钻到人群里去了。过了一阵儿，广播喇叭里响起了雷锋的声音："同志们，听我言，英雄好汉出在抗洪最前线……"雷锋把本连的好人好事编成快板，传遍了上寺水库。他的广播声，在狂风暴雨中铿锵回响。当他走出广播站时，雨下得更大了，他只穿一身单军装，瓢泼似的大雨淋得他发抖。他找到器材员领了一把锹，又回到溢洪道继续干起来。第二天，天快亮了，当部队换班休息的时候，雷锋蹒跚地走上大坝，突然感到一阵晕眩，有些支撑不住了。李连长叫来卫生员，吩咐道："你把雷锋扶到老乡家里去，让他好好休息一下，今天不许他再干了。""是!"卫生员扶着雷锋进了村，来到一户老乡家里。这一家人都在大坝上抢险，家里只留一位老人照看着。老人热情地照应着雷锋躺在热炕上，卫生员帮他包扎了手上的伤，又给他吃了药。他躺了一上午，出了一身汗，觉得身上轻松了些。这时忽然听见窗外淅淅沥沥的雨声中又响起了换班的声音，他猛地爬起来，掀开被子就要下地。卫生员拦住了他，说什么也不让他出去。雷锋没有办法，只好又躺下了。外面的雨越下越大了，雨点打在玻璃窗上，水流如注。他从挎包里拿出日记本，翻开第一页，一眼就看见了他所崇拜的战斗英雄黄继光的像，他觉得英雄黄继光的眼睛在盯着他，好像在说："雷锋啊，雷锋！在这种时候你能躺在老乡家里休息吗?"雷锋再也躺不住了，他翻身拉住卫生员的手说："卫生员同志，你说，这洪水跟凶恶的敌人是不是一样?""这……"卫生员真不知该怎样回答他。"你说呀，黄继光在朝鲜战场

上，为了祖国，为了朝鲜人民，用自己的胸膛堵住敌人的枪口，赢得了战斗的胜利，我们不应该向他学习吗？”雷锋追问着卫生员，“这还用问！”卫生员被他的话给感动了。“那你说，我能因为这点病就躺在这里不动吗？”“这……”卫生员犹豫了。趁着卫生员犹豫的时候，雷锋抽身下了炕，抓起一件衣服，又顶风冒雨奔向了溢洪道……

经过七天七夜的连续奋战，咆哮的洪水终于被驯服。抗洪胜利后，连里的领导考虑到雷锋在救火和抗洪抢险中的突出表现，决定为他申报“三等功”。雷锋经历了火的锻炼，又经受着洪水的洗礼，在火灾、水灾中他拼尽自己的全力，甚至到了不顾性命的程度。这种拼命不为功名，不为利禄的精神，是与他的价值观和思想有着密切联系的。在他参军的前夕，1959 年 12 月 12 日的日记中，他写下了自己对于人生的成熟而又深邃的思考：

> 一个人出生到世界上来以后，除了早夭的以外，总要活上几十年。每个人从成年一直到停止呼吸的几十年的生活，就构成个人自己的历史。至于各人自己历史的画面上涂的颜色是白的、灰的、粉红的或者是鲜红

的，虽然客观因素起一定作用，而主观因素却起决定性的作用。每个人每时每刻都在写自己的历史。每个共产党员和共青团员都应当好好的想一想，怎样来写自己的历史。每个共产党员和共青团员，时时刻刻都要以马列主义毛泽东思想来做自己的思想行动的指导，真正做到言行一致。我要永远保持自己历史鲜红的颜色。

在雷锋自己的人生设计中，他早已选择将自己的人生历史涂上“鲜红”的颜色。三年后，他倒在嘎斯汽车旁，以鲜红的热血为 22 年的人生历史画上了光灿灿的句号。

学习毛著积极分子

雷锋好读书、好学习是众所周知的事情，他学习毛著，学习汽车驾驶理论，学习文化知识，读小说、诗歌和文学作品。其中学习毛著尤为突出。在五六十年代学习毛著、应用毛著渗透于人们的日常生活中，人们行事的准则总会在毛著中找到思想与理论的出发点，同时人们也把学习毛著看成解决现实问题与困难的一把钥匙。雷锋的思想觉悟、境界的理论支撑可以从毛著中找到源头。雷锋对毛泽东主席真心敬仰，一生感恩，对毛著的学习更是贯穿一生，持之以恒，他在家乡时就跟着望城县委书记张玉兴学习毛著，到他当兵后也坚持不辍。1960 年的日记中，他写下了学习心得和体会：

> 我学习了毛主席著作以后，从学和讲的过程中，懂得了不少道理，脑子里豁亮，越干越有劲，总觉得这股劲儿永远也使不尽。
>
> 我为群众尽了一点自己应尽的义务，党却给了我极大的荣誉，去年被评为先进生产者，并出席了鞍山市青年建设积极分子大会。这完全是由于党的培养，是由于毛主席思想给了我无穷的力量，是由于广大群众支持的结果。我要永远地记住：
>
> 一滴水只有放进大海里才能永远不干，一个人只有当他把自己和集体事业融合在一起的时候才能有力量。
>
> 力量从团结来，智慧从劳动来，行动从思想来，荣誉从集体来。我要永远戒骄戒躁，不断前进。

同时他也在各种场合对战友说："对马列主

义毛泽东思想学得越好，思想越开朗，胸怀越广阔，立场越坚定，理想也就越远大……”“我学习《毛泽东选集》一二三四卷以后，懂得了为谁活着，活着的伟大意义，我明确了一个人活着就应该使别人过得更美好……”“毛主席著作对我来说，好比粮食、武器、方向盘，人不吃饭不行，打仗没有武器不行，开车没有方向盘不行……”毛著是雷锋的思想资源、行为动力。他学毛著同样发挥一以贯之的“挤”与“钻”的精神。平时，施工任务紧的时候，他整天驾驶着汽车东奔西跑，很难抽出固定时间来学习。他就把书装在挎包里，随车带在身边，只要车子一停，没有其他工作，他就坐在驾驶室里看一阵子。即使连队组织看电影，在开演前的几分钟，他也打开随身携带的挎包，拿出“毛选”阅读。不管嘈杂声有多响，他都能把心浸入书中，不受干扰。而晚上的时间，他除了参加连里的日常活动，总要挤出一些时间来读书。有时熄灯号响了，他还舍不得放下手中的书，为了不影响战友的休息，他就离开宿舍找别的地方去读，车场、工具棚、厨房、司务长宿舍都成了他夜间看书学习的好地方。有时连队干部在工地值夜班，他也到连部办公室去读

书，而且一坐就是大半夜。

一天晚上，夜已经很深了。高指导员从营部开会回来，看到雷锋还坐在连部埋头读书，就说："雷锋啊，学习好，也要休息好，都快半夜了，怎么还不去睡？"雷锋见指导员回来了，马上站起来说："我想把这篇文章读完再睡。"高指导员看看表，已经夜里11点多了。就说："今天太晚了，明天还要出车，去睡吧。""好！"雷锋一边答应，一边收起书，心想指导员忙了一天，也该休息了，便拎起挎包走了出去。连部办公室的里屋就是高指导员的宿舍，他进屋睡了一觉，醒来一看，办公室的灯还亮着，不知雷锋什么时候又回来了，仍然坐在原来的位置上埋头看书。高指导员怕雷锋熬坏了身体，便披上衣服悄悄走到他身后，见他正在《矛盾论》单行本第五页的书边上写着："……外因是条件，内因作决定，要想求进步，主观多努力。"高指导员钦佩地点了点头。这时雷锋才发现高指导员在身后，连忙站起来说："指导员，我影响您休息了！""没有的事。"高指导员关切地让他坐下继续写，同时拿起他读过的《毛泽东选集》第三卷翻看。发现他读书非常用心，非常仔细，几乎每一篇每一页都画了一些学习重点，边边角角上还写着一些阅读心得。这些心得多半写得比较简单，有的只是一两句话，甚至三两个字，比如“好！”“牢记！”“就这么办！”等等。高指导员又仔细地翻看着雷锋在毛著的书页空白处写下的一些话。比如：雷锋读过《整顿党的作风》一文后，用红铅笔在文章中重点画了这样一段话：“对于马克思主义的理论，要能够精通它、应用它，精通的目的全在于应用。”他在这段话的下边写道：“……努力学好马克思主义理论，并做到理论联系实际，改造思想，做好各项工作。”在《论联合政府》一文最后一节的空白处，雷锋写道：“无数革命先烈为了人民的利益牺牲了他们的生命，给我们换来了幸福。今天，我们没有理由只顾个人眼前利益，而忘记了整个无产阶级的最大利益。”再翻开《为人民服务》一文，雷锋在最后一页的空白处写道：“我觉得一个革命者活着，就应该把毕生精力和整个生命为人类解放事业——共产主义全部献出。我活着只有一个目的，就是做一个对人民有用的人。生为人民生，死为人民死。”一个年纪不大的小战士，却有着如此深刻的思想，如此认真学习的态度，高指导员心中很是钦佩。

雷锋见高指导员翻看起来没个完，想到明天还要工作，就说：“指导员，别看了，该休息啦。”高指导员看看表：“哎哟，赶快睡觉！明天你要出车，我也要上工地。”等他们躺在床上，已经是后半夜两点了。

团副政委刘家乐听说新兵雷锋积极参军、刻苦学习、勤俭节约，以及在望城、鞍钢、弓长岭荣获“红旗手”与“先进工作者”的事迹后，他就向运输连高指导员提出：“我要去认识一下雷锋。”高指导员带着刘副政委来到了二排宿舍，全排住在一所大房子里，睡上、下两层通铺。刘政委看到士兵们有的在洗漱，有的在嬉闹，有的在休息，唯独一个士兵坐在床上看书。高指导员指着那个士兵向刘政委介绍：“这就是雷锋！”雷锋站起来敬礼，刘副政委还没坐下，雷锋就打开《毛泽东选集》，用手指了一段问刘政委：“首长，这段应当怎样领会？”刘政委一看他指的是《实践论》中的理性认识依赖感性认识的问题，就反问道：“你是怎么领会的？”雷锋答：“一切理论都要经过实践，没有实践的理论是空头理论。”刘政委夸奖说：“你学得不错，我们要共同学习《矛盾论》和《实践论》，这是毛主席的经典著作，我们都要很好地学习。”雷锋说：“请首长多指示。”

第一次见到团首长，雷锋没有谈工作，没有汇报思想，而是直接请示对《实践论》的领会。雷锋这么做倒不是有意在首长面前表现、出风头，这是他长期思想积淀的一个自然呈现。如果他只是一个思想平庸的士兵，无论他如何想表现，充其量也只是喊句豪言壮语，而绝不会与团首长讨论毛著中的哲学问题。正是因为他作为新兵的不俗表现与深厚理论素养，引起了部队领导的关注与重点培养。

对实际生活中面临的问题，雷锋在思考和解决的时候，也潜移默化地融进马列主义与毛著理论思想，这使他有着不同于普通人的境界与觉悟。当初学汽车驾驶时，训练驾驶员有个规定，理论部分学完后，要实际驾驶几千公里才能正式上车。有一天，轮到雷锋实际驾驶，团政治处干事庞士元跟去了。庞干事坐在车厢里看到雷锋开车时手忙脚乱的，累得满头大汗。回连后，庞干事就问他为什么会那样？雷锋说驾驶时间少，抓住方向盘心里有点慌。庞干事又问他为什么驾驶的时间会比别人少。他说，有几次该他上车时，

班长却派他去搞卫生，或到菜地中去锄草。经庞干事调查才明白，原来在以前学习《反对自由主义》的文章时，雷锋给班长提了意见，班长虽然表面没有表示什么，但在训练驾驶时，给他穿了“小鞋”。庞干事问他为什么不提意见，他笑了一下说：“卫生、拔草总要有人去做，别的同志多上车，先学好，对连队也有好处。我抓紧学还是赶得上的，不应该为此有意见……”他说这话坦率自然，毫无做作。对于这种“穿小鞋”的事，他并没有如一般人一样抱怨、告状，而是认为搞卫生、拔草总要有人去做，以宽阔的胸襟化解、包容这一切。

雷锋的宽阔胸襟、包容一切的胸怀也使他对日常生活中的事情没有任何计较。他有一个外号“大粪夫”，这源于他给运输连淘厕所。雷锋当兵的年代，大多数人都没有见过汽车，更不可能开汽车。而汽车兵懂技术，会驾驶汽车，所以在部队里多少有些优越感，在一些事情的看法和处理上就有些“矫情”。当时，各个连队的粪池都有专门负责挑粪的连队来打扫，如果负责打扫粪池的连队忙不过来，就需要自己暂时先清理一下。有一次，运输连营地的粪池满了，负责淘粪的连队一时无法赶过来清理。运输连的战士纷纷抱怨："怎么办啊，不会让我们自己淘大粪吧？""我们可是汽车兵，怎么能干那种脏活呢？""对啊，每个连队有分工。我们还是等淘粪的连队来干吧！""就是，就是，不然这几天都吃不下饭了！"大家都不愿去干这份脏活累活，雷锋却低着头，没有说话。他的想法和其他战士不一样，他想：作为一名战士，就应该到困难的地方去，才能体现战士的价值。但是大家现在都有情绪，估计也没法劝。自己先去干，再带领大家一起干。打定了主意，第二天一早，雷锋就早早地起床淘大粪去了。等战士们上厕所时才发现雷锋已经淘了好几担大粪了。他们看着臭烘烘的雷锋，又看看干干净净的厕所，心里有些惭愧，但是让他们心甘情愿地跟着一起挑大粪，像雷锋一样当"大粪夫"，还是有些困难。晚上，雷锋召集全班开会，他给大家念毛主席的著作，做大家的思想工作，最终，大家打消了顾虑，决定第二天跟着雷锋一起去打扫厕所。他在日记中针对这件事写道：

人家开玩笑地说我是一个大粪夫。我觉得当一个大粪夫是非常光荣的。1959 年参加

北京群英会的时传祥同志，不就是一个淘大粪的工人吗？我要是能够当一个这样的大粪夫，那该多荣幸啊！

对于别人给予的“大粪夫”的“美称”，雷锋一点也不生气，认为当“大粪夫”也是一件光荣的事情。他的思想格局已经超越了一个普通战士的水准。

雷锋看待生活中的事情非常客观、冷静，趋于成熟。有一次出操，九班的战士于中水在队列中无精打采，九班长看见后发了火，好一顿批评，可是于中水不痛不痒。下操后，于中水对人说：“九班长态度粗暴，我懒得听他的。”这件事引起了很多争论，有人说：“九班长脾气不好，有时爱发火，他的心可是好的。”雷锋在日记中明确表达了自己的看法：

我以为这种说法不够正确，毛主席说过：“真正的好心，必须注意效果。”抱着好心而又对同志发脾气的，常常是效果不好。既然效果不好，这好心又表现在哪里呢？这好心对革命对同志又带来了什么好处呢？这件事，我认为九班长应该对于中水进行耐心说服教育才对，在队列中对于中水态度不好达不到教育目的。我们都是阶级兄弟，应该互相帮助，共同进步。

他对九班长的错误做了深刻分析，当然也不偏袒于中水的错误。他讲究批评方法，解决这类问题的良方就是按毛著精神去办。有一次，雷锋和战友们到地里劳动，有两个战士发生了争吵，五班长刚好走过来，看到这种情况，没有了解事情原委，就狠狠一顿训，把两个战士都训哭了。对于这件事，雷锋同样毫不保留地记下了自己的看法：

本来是一件小事，五班长没搞清楚，一批评反而把事情弄大了。由于他没了解情况就给人家扣大帽子，因此引起了很多人的反对。这件事给了我深刻的教育。毛主席教导我们："没有调查就没有发言权。"五班长没了解情况就批评和给人家扣大帽子，因此就出了乱子。

雷锋的境界与觉悟不同于普通人，前进之路应该非常畅通，但是人生与现实的道路并非都那么平坦。雷锋到部队后，不仅每天很早起床，主

动打扫营区的卫生，还帮助炊事班的战士洗菜、做饭，主动担任新兵连读报员。很快，部队里大多数人都知道连里有一个特别勤快、爱做好事的小个子湖南人。刚开始，大家都觉得这个小个子湖南人活泼可爱，而且知道雷锋爱学习，又给县委领导当过通信员，从南到北见过许多世面。同是新兵，雷锋的眼界视野和思想水平确实比其他新战士要高许多，所以都非常敬佩他的与众不同。但是当大家发现雷锋无论做什么事都是“塔尖”上的那个人时，也许出于羡慕，也许出于嫉妒，慢慢有些人开始有了另外的想法：他们觉得雷锋太特殊了，似乎有点太“爱出风头”了，而且雷锋性格非常直率，见到什么不对的事都会直言批评。这在当时得罪了一些人，因此他得到了一个绰号——“马列主义者”，这个绰号当然有一定的讽刺之意，这使他在生活中也总是会遇到一些磕磕绊绊的事情。但是他对这些事情的处理上却显出他是一个真正的马列主义者。

有一次，雷锋和战友们一起卸车，同班的大个子小韩指着一袋200斤重的高粱米说：“哎！马列主义者，你不是很能干吗？来一袋试试？”雷锋知道是在讽刺他，但自己的力气小，扛不动一袋米，只好忍住气，暗自怨自己在战友们面前丢了脸面。但是事后他又想：为啥人家要说刺激你的话呢？要从自身找症结呀！于是，他在以后的工作中处处注意，以身作则。后来，小韩不小心洒了硫酸，把棉裤烧了个洞。夜里，当大家都睡熟后，雷锋就把自己的棉帽里子拆下，洗净烤干，给他补好棉裤。第二天起床时，小韩发现了这一情况，又感激又惭愧，就那件事向雷锋道了歉。雷锋笑了："还提过去的事干什么呀！"

1961 年 6 月，雷锋升任四班班长。有一位一起入伍的战友觉得不服气，故意不起床，说病了。雷锋没有批评他，而是问寒问暖，为他打洗脸水，找卫生员，做病号饭，使他非常感动，主动向雷锋承认错误。雷锋说："我们干工作不是为某个人干的，虽说干的角度不同，但都是为了党、为了我们连队、我们班呀！"

雷锋当上班长后，处处为战友着想，但是有时也会遭到别人的误解。有一次，雷锋奉命和班里的小刘、小陈两名战士到农场拉菜。他们忙活了一阵，把菜装上车时，天已经黑了。因为农场和部队驻地离得比较远，赶回去的话，已经过了食堂的饭点。雷锋心想：小刘和小陈一直在忙，中午也没顾得上吃饭，先让他俩在农场的食堂吃了再回去吧，不然一路颠簸，那样的滋味可不好受。打定主意后，雷锋便和农场的管理员商量了一下，叫上小刘和小陈去食堂吃饭。可是，小刘和小陈却不乐意了。他们催促着雷锋说：“咱们还是别吃了。既然菜已经装好了，那就赶紧回部队吧！”“就算咱们赶回去的话，也已经过了吃饭的点了。反正，农场食堂的饭是现成的，咱们吃了再走也来得及。”雷锋劝说道。但是无论雷锋怎么劝说，小刘和小陈不想在农场食堂吃饭。最后，雷锋拗不过他们，只好空着肚子开车走了。三人回到部队驻地后，小刘和小陈找到指导员，打了雷锋的小报告：“雷锋不和我们商量，就自作主张，非得留在农场吃饭。”雷锋知道后，心里非常难受。他心想：我是一片好意啊，怎么反倒打起我的小报告来了？这件事让雷锋很不开心。一连几天，雷锋到食堂打饭，都不理小刘和小陈。指导员觉得事情有点严重，就找到雷锋，决定开导他一下：“雷锋，最近的思想状况不太好啊！”雷锋知道指导员想说什么，有些不好意思，低下了头。“是不是还在为小刘和小陈的事赌气呢？”指导员问道。指导员见雷锋不说话，接着说："小刘和小陈的报告没打错。按理说，他俩是否要在农场食堂吃饭，要由他们自己决定。我知道你是出于好心，可是你没有尊重他们的想法。这样鲁莽行事，武断决定，怎么可以呢？你现在换位思考一下，假如你碰见这种事情，是否也能坦然接受呢？"听了指导员的话，雷锋的心结慢慢地打开了，意识到自己的错误与武断，赶紧找到小刘和小陈，当面向两人道了歉。小刘和小陈见雷锋态度诚恳，还主动道歉，也有些不好意思，三人重归于好。在这件事情当中，雷锋确实是好心，只是这种好心有些主观、固执。但是令人感佩的是雷锋在指导员的开导下，很快意识到自己的主观问题，并且诚恳地解决了问题。

雷锋对人对事往往也显出他深厚的人格修养。有一次在食堂吃饭，雷锋拿着《解放军报》，向大家讲解放军战士节约粮食，支援地方人民的话题。有一个战士不愿吃高粱米，更不愿听这些话，故意将一口饭"噗"的一声吐在地上，怪声怪气地说："炊事班怎么搞的？米没淘净，沙子差点硌掉我的牙！"面对这种举动，雷锋没有发火，而是十分惋惜地看了看吐在地上的饭，站起来平心静气地理论道：“咱们连每人每天节约一粒粮，一年就是三万六千粒，全团、全军那该有多少啊！”那位战士听不进去，大声地说：“多吃一口，少吃一口，都是我的事，又不是吃你家的粮食，与你有什么关系，真是狗咬耗子，多管闲事。”周围的战士都替雷锋感到不平，想跟那个战士理论一下，但是雷锋什么也没有说，只是默默地拿了笤帚把地上的饭扫了起来，送到猪槽里去了。那个战士看着雷锋干着这一切，有些不好意思起来。

这种当面讲道理，却被人抢白的事情不止这一件。雷锋有个战友小范，小范生活上比较自由散漫，李连长为此在军人大会上当众批评了他。小范完全不能接受连领导的批评，内心很是不服，开完会后一个人撅着嘴生闷气。雷锋看见后，想要开导他，于是对他说：“别生气了。连长说得对。革命部队就是要有铁的纪律，像战争中的英雄们……”还没等雷锋把话说完，小范就听不下去了，气呼呼地打断雷锋说：“行了吧，马列主义者！你少给我上政治课！”雷锋听了这充满火药味的话，也不生气，只是满脸和气地笑笑，并不在意，也没有往心里去。他清楚小范和他一样都是苦孩子出身，本质上是好的，只是因为正在气头上，说话才不注意方式和分寸。雷锋等了一会儿，看小范的心情平复了些，又说："你想想，咱们从家乡来部队是干什么的？是来自觉地服兵役保卫祖国的。领导的批评教育，战友们的关心帮助，都是为我们好，想让我们进步。军队是需要铁的纪律来规范的，这可不是在农村干自家的活，咱们就该自觉地遵守纪律。再说，在农村干活也还要有个劳动纪律呢。"小范这次听了，没有像刚才那样激烈地反驳，而是安静地听着，脸上也没有了不耐烦的表情。雷锋看出小范这次是听进自己的话了，就继续说道："你还记得我们入伍离开辽阳的时候，你家里人对你说了什么吗？他们说要你好好锻炼自己，做个优秀的战士。咱们要牢记这些话，要不咱们就对不起他们了。"听到这里，小范感觉有些惭愧，低下了头。雷锋想起以前小范说过的一句话："人活着就是为了吃饭。"就接着说："难道咱们来部队就是为了不饿肚子，混饭吃的？我觉得，吃饭是为了活着，可活着不是为了吃饭。我们活着是为了全心全意为人民服务，为祖国做贡献。"听了雷锋的话，小范紧紧抓住雷锋的手，哽咽着

说："雷锋，此后你就看我的吧！"雷锋对人的劝导真诚而又入心，使得被劝导的人心悦诚服，产生了难以预料的心理推动力。

雷锋的人格修养不仅在于诚恳地劝人，解开别人的思想疙瘩，更在于不抱怨、不计较，甚至有时以德报怨。雷锋班里有一位大个子战士，总讲雷锋的"风凉话"，比如："你积极有什么用，那么点的小个子，给你一百五十斤重的担子，你就担不起来。"这种话讲了一次又一次，让雷锋有一段时间埋怨自己为啥长这么点小个子呢。但是他在读了《纪念白求恩》这篇文章后，在日记中对困扰自己的这一嘲讽表达了豁达的心境：

> 您老人家说："一个人能力有大小，但只要有这点精神，就是一个高尚的人，一个纯粹的人，一个有道德的人，一个脱离了低级趣味的人，一个有益于人民的人。"这话给了我很大的鼓舞。个子小，我也要尽我自己最大的力量，做到毫不利己，专门利人，向伟大的国际主义战士白求恩学习。

毛著的学习对他的影响是实实在在的，既引导了他对事物的看法，同时纾解了他在困境中的心结。在实际生活中，他对那位时常嘲讽他的战士“以德报怨”。深秋的一天，连里组织二十几个同志，让雷锋带队上山割草，准备搭过冬菜窖。早饭后出发，晚饭前回来。中午饭在山上吃，每人带一饭盒米饭。因为当时正处于困难时期，部队粮食也不足，运输连每日三餐都是用饭盒蒸饭，定量下来。这天上山前吃早饭时，那位大个子战友吃了三个馒头一碗粥，觉得没饱，就把准备带上山的一盒午饭也吃了，心想干脆装进肚子里一块带走吧。那个大个子膀大腰圆，能吃能干，是全连有名的“大力士”。来到山上，他甩开膀子干了一上午，非常卖力。到了中午时，大家坐在山坡上开始吃午饭，他只好躲在一旁没吃的了。雷锋知道他没带午饭的原因，实在不忍心让他饿肚子。雷锋勒勒自己的腰带，走上前去，把自己的饭盒递到他面前说：“你这个大力士，干了一上午，不吃午饭怎么行?”“我……”那个大个子吞吞吐吐地说：“我吃过了。”雷锋笑道：“我知道你吃过早饭了，别客气。”看见雪白的米饭，大力士喉中几乎要伸出手来。但是他想到自己平日的不恭，强咽下口水，只摇头不说话。雷锋知道他的难为情，就恳切地说：“今天我胃疼，

实在吃不下，你就帮帮忙吧！”“这……”“别这那的了！”雷锋把饭盒塞到他手上，转身就走了。大力士张大了嘴巴吃饭，眼圈儿竟红了。

这些都是一些平凡的小事，人在生活中总会受到他人的委屈、嘲讽与误解，雷锋对这些委屈、嘲讽、误解并没有气冲牛斗，而是以非凡的大度和深厚的人格修养化解了它们，显示出了极高的思想境界与开阔襟怀。

人民的勤务兵

“人的生命是有限的，可是为人民服务是无限的，我要把有限的生命，投入到无限的为人民服务中去……”这是雷锋在日记中表达的理想与愿望。这种理想与愿望让雷锋像一团火，温暖明亮，像一颗明珠，闪闪发光。他把自己如火的生命活力与热情，全部投身于为党、为人民奉献之中。

1960 年初夏一个星期天的上午，雷锋忽然感觉腹部胀痛，在床上趴了一阵，想硬挺过去，可是越来越疼。心想这样下去可不行，今天夜里还要出车呢，他一翻身爬起来，整整军容，走出营房，来到团部卫生连。值班军医给他诊了病，开了一些药，说："你是夜间着凉了，回去用热水袋暖暖肚子，好好休息一天就好了。"他用手捂着腹部往回走，走过望花公园围墙外的马路上，看到离此不远的一个建筑工地上工人们在热火朝天地干活，伴随着《社会主义好》的歌曲，有的推车，有的挑担，来来往往，非常热闹。这种热气腾腾的劳动场面立即吸引了他，他近前一看，那里挂着的一块木牌子上写着："抚顺市第二建筑公司本溪路小学建筑工地"。他在心里感叹道："真了不起呀！这里不久前还是一片炉渣地，一转眼就要给一座小学盖起高楼来了！"他正感叹着，就听见广播喇叭里传出女播音员清亮而又焦急的声音："运砖的同志请注意！砌砖组的同志大显身手，今天的砌砖速度打破了昨天的记录！运砖的同志加油呀，今天能不能超过定额，就看你们的了！"雷锋听着这样的呼唤，张望着工地，只见运砖的同志两个人一辆小车，有的推，有的拉，个个奔跑如飞。雷锋情不自禁地想要加入进去，他把衣袖一挽，径直朝堆砖场奔去，早已忘记肚子疼。一个烧水的棚子前闲放着几辆空车，他走上前去，推起一辆车便走。烧水的老工人急着跑出来喊道："哎！同志！你推车子干什么？"

雷锋回头说：“大爷，借车子用一用。”老工人赶上前去说：“同志，我们这车不外借!”雷锋笑了，指指砖场说：“大爷，我就在这儿用。”“就在这儿用?”老工人打量一下雷锋，似乎有些惊奇，“你要帮咱工地推砖?”“今天我没事，闲着也是闲着……”说着话，车子就到了砖场中，很快装满车，一溜小跑地加入了运砖的行列。来来往往的工人都好奇地看着这位解放军推砖，一时猜不透原因。雷锋干热了，干脆脱下了军装。工人们试探地问道：“同志，你是……是谁叫你干的?”雷锋笑呵呵地道：“是你们的干劲把我吸引过来的，你们为小学盖楼，星期天都不休息，我今天没事，一块儿推几车……”有一个穿制服的同志走到雷锋面前，紧紧握住他的手，问他是哪个部队的，叫什么名字。雷锋本来不想告诉他，但身边一个工人告诉雷锋：“这是我们建筑公司第二工区党总支李书记。”这下雷锋有点为难，不说不好，说吧，建筑工地准又是一通表扬。雷锋只好一再表示今天没事，参加点劳动是应该的。但是不行，李书记一定要知道雷锋的名字，雷锋最后只好说了。星期天连队是两餐饭，雷锋一气干到快吃晚饭的时候才回到连队。傍晚，工地的工人们敲锣打鼓地来到雷锋所在连，送来一张用大红纸写的感谢信。连里战士这才知道雷锋带病参加了一天的劳动。不过，参加完劳动后，雷锋的肚子反而不疼了，雷锋开玩笑地对战友说："参加义务劳动能治病!"

雷锋在别人需要时慷慨助人，同时也慷慨捐赠。1960 年八九月间，团政治处连续收到两封表扬雷锋的地方来信。一封是抚顺市望花区和平人民公社来的，一封是中共辽阳市委来的。和平人民公社的信是感谢雷锋支援他们 100 元钱的事。辽阳市委的来信，赞扬雷锋给灾区人民寄去 100 元钱的深情厚谊。这两封信对团里政治处的领导震动很大，经过了解，他们知道了事情的原委。不久前的一天下午，雷锋上街去理发，看到抚顺市望花区的人民群众敲锣打鼓、放鞭炮，热烈庆祝城市人民公社的成立。雷锋想：一个新成立的人民公社，一定会有很多困难，作为一名解放军战士，能为公社做点什么呢？他左思右想，脑子里闪出一个捐款的念头，便立即挤出人群，来到储蓄所，取了 200 元，而雷锋的全部家当一共才 203 元。他每月只有 6 元津贴费，他只留 5 角钱用，余下的都存进了储蓄所。连储蓄所的工作人员都认识他了。每次雷锋去存钱，储蓄所的工作人员都会热情地跟他打招呼："雷锋同志又来存钱啦?"入伍半年多，他存了 32 元，加上在工厂节余的工资，一共储蓄了 203 元。他现在拿着这近乎全部的家当，一阵风似的跑到望花区和平人民公社，找到公社党委办公室的一位干部，拿出钱说："这是我对望花区人民的一点心意，请收下吧!""同志，这怎么好……"公社干部很受感动地说："你热爱公社的一片心意，我们收下，可是钱我们不能收，你在部队攒点钱也不容易，这些钱还是留着你自己用或寄回家里去吧。"雷锋对这个"家"字的感触不同于寻常人，他诚恳地说："人民公社就是我的家呀，我这钱就是给家里用的，假如我的父母还活着，我相信他们一定不会拒绝一个儿子给的钱……"接着，他述说起自己在旧社会的苦难遭遇，最后他说："我在苦里生，甜里长，是党和人民给了我一切，我要把一切都献给党，献给人民。这钱是人民给我的，现在我就让它为人民的事业发挥一点作用吧!"雷锋一再要求，公社干部实在无法谢绝，才答应收下一半。

事隔不久，雷锋从报纸上看到消息说，辽阳

地区遭受了百年不遇的特大洪水灾害。雷锋在辽阳参军，在那儿生活过、劳动过，在那儿经过艰苦的考验，对那里的一切怀有深厚的情谊。那里受了灾，他决不能袖手旁观，想来想去，也没有别的办法，就把公社没有收的 100 元，连同一封慰问信，顶着大雨跑到邮局，一同寄给了辽阳市委。

雷锋这两次倾其所有的慷慨捐赠是他在家乡、在工厂捐赠助人的自然延续，这种捐赠对他本人而言，源发于他一以贯之的对党对社会的深重感恩意识、回馈意识。对于雷锋来说，是党和政府把他从水深火热的日子里解救出来的，使得他的生活发生了翻天覆地的转变，他又在党和人民的关怀下成长为一名优秀的战士。党、国家、人民对他而言是实实在在的概念，他把党、国家、人民当作自己的恩人，用实际行动由衷地感谢自己的恩人。当然这种慷慨捐赠也和他的崇高价值观有着密切联系。他在日记中写过这样的思考：

我活着，只有一个目的，就是做一个对人民有用的人。

人民的困难，就是我的困难，帮助人民

克服困难，贡献自己的一点力量，是我应尽的责任。我是主人，是广大劳苦大众中的一员，我能帮助人民克服一点困难，是最幸福的。

从客观上而言，他的捐赠意义绝不囿于区区200元钱，亦不在于简单的爱国爱民情愫，在那个三年自然灾害困扰国家的年代里，它起到的维系军民关系的巨大作用是无可比拟的。

在雷锋慷慨捐赠的同一时间段，他又获得了“节约标兵”的称号，这个称号与他的倾其所有的“不节约”甚至“挥金如土”的捐赠形成了鲜明对比。这个节约是对自己、对物质生活。他在日记中要求自己：“在工作上，要向积极性最高的同志看齐；在生活上，要向水平最低的同志看齐。”参军以来，他每月领的6元津贴费，除了留下1角钱交团费，2角钱买肥皂，再留些钱买书，不断充实他的“小图书馆”，其余的钱全都存起来。他穿的袜子补了又补，已经改变了原来的模样，还舍不得丢掉。搪瓷盆和漱口缸用了多年，这两个物件和其他战友的相比，绝对算得上是“古董”，上面的瓷掉得不像样了，已经“面目全非”，但是也舍不得买新的。他的一件衬衣是从湖南家乡带来的，洗了又洗，补了又补，还穿在身上。每年部队发夏装时，按规定每人发两套，雷锋只要一套。司务长问他为什么只要一套，他说："有一套就够穿的了。我现在穿的这套带补丁的衣服，也比我小时候穿的不知要好上多少倍呢！剩下的一套给国家节约啦！"昔日在鞍钢时，雷锋穿一身旧衣服，曾经觉得"不美"了，买了皮夹克、料子裤，当兵后，他对"美"有了一个更超越的认识，他在日记里写道：

> 战士那褪了色的、补了补丁的黄军装是最美的，工人那一身油渍斑斑的蓝工装是最美的，农民那一双粗壮的、满是厚茧的手是最美的。劳动人民那被烈日晒得黝黑的脸是最美的，粗犷雄壮的劳动号子是最美的声音，为社会主义建设孜孜不倦地工作的人的灵魂是最美的。这一切构成了我们时代的美。如果谁认为这并不美，那他就不懂得我们的时代。

平时买吃买喝的事，雷锋从来不沾边。雷锋参加军区运动会，大热的天完成运动项目后，又热又渴。很多战友排队买汽水喝，他也掏出几角

钱想去买瓶汽水。恰巧这时有人送来了开水，他又把钱收起来，转身去喝开水。有的战友不理解，说雷锋“抠门儿”，是“小气鬼”，是一毛不拔的“铁公鸡”，太苦熬自己了。对此他在日记里说：“我们不能好了伤疤忘了疼，国家有困难，大家来分忧，就要一点一滴地做，这不是小气不小气的问题。”连队每次吃完饭，他都把撒在桌上、掉在地上的饭粒捡起来，捧在手上，送到营房后边的猪食缸里。在为工地运输水泥的过程中，他特意准备了一把扫帚、一个簸箕，每次出车回来都把洒落在车厢里的水泥，一点一滴地扫拢起来，后来经连里统计，他竟然扫了 2000 多斤。他还专门钉了一个“节约箱”，把平时捡到的破铜烂铁、边角料、螺丝钉、牙膏皮、破手套等都装在里面，修车、修工具时能用上的就用上，尽量为国家节约开支。

雷锋在旧社会受过穷与苦，珍惜新生活，对自己的生活与用度节约到极点。而对他人，他却利用一切机会、一切力量去帮助，既帮助比他弱小的人，也帮助人民公社。到了部队后，他帮助人、“做好事”之频繁让人肃然起敬，成了人民的“勤务兵”。他帮助人总是像“及时雨”一样适时，给人以方便，给人以温暖。

因为雷锋的优秀、突出，他很快被部队树为典型，经常应邀到外地做报告。在出差旅途中，他对处于困境中的人或者出钱或者出力。有一天，雷锋在抚顺开往沈阳的火车上，看到上车的旅客越来越多，连忙把自己的座位让给一位老人，又见列车员忙不过来，就主动帮着扫地、收拾桌子，为旅客倒水，帮妇女抱孩子，给老年人找座位，帮中途下车的旅客拿东西。一些旅客看到他忙前忙后，就让出自己的座位让他歇歇，他总是推说不累。到沈阳换车时，一出检票口，就看见一群人围着一个背小孩的妇女，原来那个妇女是转车去吉林，车快开了，她却弄丢了车票。雷锋见此情景，上前问道："大嫂，你到哪儿去呀？怎么把车票搞没有啦?"那个妇女说："俺从山东来，到吉林去看孩儿他爹，不知啥时候，把车票和钱都丢了。"雷锋看了看表，知道去吉林的列车快要出发了，便说道："大嫂别着急，跟我来吧。"他带着她来到售票口，买了一张去吉林的车票，塞到大嫂的手中说："快走吧！车快开了！"大嫂看着手中的车票，双眼含泪地问道："大兄弟，你叫什么名字？是哪个部队的？等我

回去后，把钱寄给你。”雷锋笑了笑说：“大嫂，你就别问了，我叫解放军，住在咱中国呀！”那位大嫂眼泪汪汪地朝检票口走去，还不住地回头，向雷锋招手。

有一次，雷锋到丹东工程兵某部做了两场报告回来，早晨5点多钟到了沈阳换车回部队。过地下道时，在熙熙攘攘的人流中，他看见一位白发苍苍的老大娘，拉着棍，背个大包袱，很吃力地走着。雷锋赶上前去问道：“大娘，您到哪儿去呀？”老人气喘吁吁地说：“俺从关内来，到抚顺去看儿子。”雷锋一听跟自己是同路，立刻把包袱接过来，一手扶着老人说：“走，大娘，我送您到抚顺。”老人高兴得不知说什么好，对雷锋一口一个“孩子”地叫着。雷锋扶着老人上了车，车厢里已经坐满了人，雷锋给老人找了个座位，自己就站在老人的身旁。火车开动了，雷锋没吃早饭，肚子饿了，就拿出在车站买的两个面包，递给老大娘一个。老大娘接过面包，忙说：“你这个当兵的，真好，我见到儿子叫他写信给你们首长……”雷锋问老人的儿子是干什么的？住在哪里？老人说她儿子是个煤矿工人，出来好几年了。她头一回来抚顺看儿子，还不知他住在什么地方呢。说着从怀里掏出一封信，递给雷锋说：“孩子，你看看，知道这地方吗？”雷锋看了信封的地址，写的是“抚顺市××信箱”。他也不知道，但是为了使老人安心，他说：“大娘，你莫急，有地址就好办，下了车我帮你找。”火车到了抚顺，雷锋把自己的背包放在车站，背上老人的包袱，领着老人四处打听，走走停停，找了两个多小时，终于找到了老人的儿子。老人见到儿子，高兴得满眼是泪地说：“儿呀！要不是这位军人同志帮娘找，今天难得见到你……”临走时，母子俩依依不舍，送出了很远很远。

在来来回回的路途中，雷锋做的好事数不胜数，“雷锋出差一千里，好事做了一火车”这样的顺口溜在部队里流传开来。

雷锋做好事，只要看到需要帮助的人，他就会伸出援手。1961 年 5 月的一天，下起了大雨。雷锋透过雨幕看见一位妇女背着一个孩子，还牵着一个孩子，在雨中深一脚、浅一脚地走着。雷锋急忙拿起一件雨衣追上去。通过询问，他得知娘儿仨要到十几里外的獐子沟去。雷锋把雨衣给了那位妇女，娘儿俩都有了挡雨的遮障。那个七八岁的小姑娘已经全身湿透，他立即脱下了自己

的绒衣，穿在孩子身上。那个妇女说：“解放军同志，你别冻着了。”雷锋说：“我年轻扛得住雨淋。”他一直把娘儿仨送到獐子沟，妇女的家人千恩万谢，要留他吃顿饭，烤一烤衣服，他坚决不肯，在黑夜里踩着泥泞赶回营房时，已是后半夜。

雷锋不仅自己身体力行帮人助人，还带动战友们一起加入做好事的行列。1961 年春节，战友们愉快地在一起搞各种文娱活动。雷锋和大家在俱乐部里打了一会儿乒乓球，心里老觉得有件什么事儿没做似的。原来他想到每逢年节，正是各个服务部门和运输部门最忙的时候，这些地方现在肯定需要人帮忙。他放下乒乓球拍，组织班里几个同志，向副连长请了假，直奔抚顺瓢儿屯车站。到了后大家就分头忙起来，这个帮助打扫候车室，给旅客倒水，那个扶老携幼，送旅客上下车。候车的旅客纷纷感叹：“到底是人民子弟兵！”

称职的少先队辅导员

1960 年以后，受连队党支部的委托，雷锋先后担任了抚顺市建设街小学（现雷锋小学）和本溪路小学（雷锋为修建这所小学曾带病运过砖，现为雷锋中学）校外辅导员。1960 年 10 月 10 日，抚顺市望花区建设街小学召开了聘请校外辅导员大会。雷锋和几位战友穿着整洁的军装，英姿勃勃地走进会场。当一个少先队员为他系上鲜艳的红领巾时，雷锋非常激动地说：

> 各位校领导，老师们，少年朋友们：四年前，我刚刚摘了红领巾，今天，我又系上了红领巾，做你们的校外辅导员，做你们的大朋友，我从心里感到高兴！今后我们要多联系，常来往，共同学习，互相帮助……永远保持红领巾的鲜红颜色，沿着党指引的道路前进，做无产阶级革命事业的接班人……

第二天，雷锋就来到了建设街小学参加课外辅导活动。他看了少先队大队辅导员所制定的少先队“活动计划”后，提出了自己的建议，希望辅导员把计划修改得具体一些，提出可以补充两项活动内容：第一，在孩子们中间开展“三件宝”活动，也就是“储蓄箱”“聚宝盆”“针线包”三件宝。“储蓄箱”是让孩子们把父母给的零花钱攒起来，半年或一年后还给孩子，零钱变成整钱，做一些有用的事，培养孩子勤俭节约的品

质。“聚宝盆”是设立节约箱，把学生们在路上捡到的旧钉子、螺丝帽、铅笔头等看似无用的东西放入“聚宝盆”中，教育孩子要养成爱护公物的好习惯。“针线包”是引导孩子们衣服破了自己补，扣子掉了自己钉。第二，他们这些校外辅导员准备给学生办一个小图书馆，用他们的津贴买毛主席的书和一些英雄故事书，以便同学们自小就读毛主席著作，向英雄人物学习。几天后，这几件事全部办齐，孩子们在小图书馆里围住了雷锋，七嘴八舌地问这问那，请他讲故事。看着这些天真活泼的孩子，雷锋觉得自己又回到了少年时代。

此后，雷锋经常利用中午休息时间或风雨天不能出车的日子，请假到学校去，和孩子们在一起。雷锋以实际行动启发教育孩子们克勤克俭、艰苦朴素。建设街小学五年级三班的教室里，有一个窗子上的玻璃坏了，暂时用木板钉上了。有一天有几个同学听说马上要换玻璃了，就把那块木板起下来，把木板上的几颗钉子拔下来，随手扔在地上。雷锋恰巧来到班级，孩子们见了雷锋后高兴地说：“叔叔，你看，咱们教室要换玻璃了。”“换玻璃好啊！”雷锋说着，弯腰捡起扔在地上的几颗钉子，“这钉子以后还能用，怎么丢掉不用了？”有个同学说：“几个破弯钉子，留着它有啥用啊？”“破弯钉子？你们看！”雷锋拿过钉锤，把手中的弯钉子一颗颗地锤直了，然后说：“这样好的钉子，在我的节约箱里还真不多呢！”接着，雷锋让大家坐下来，说：“来，我给你们讲个螺丝钉的故事吧。”“螺丝钉的故事？”孩子们很爱听这位长着一张娃娃脸又温和的小叔叔讲故事。“那是我在望城县委当公务员的时候，有一次，我跟县委书记下乡去，路上见到一个螺丝钉，被我一脚踢开了……”

孩子们听了雷锋亲身经历的这个故事，一个个眨着眼睛，认真投入。听完了这个故事，孩子们都要求到营房去看看雷锋的“节约箱”。雷锋就领他们来到营房。雷锋一打开他的“节约箱”，孩子们都惊呆了。箱子里是各种各样平时他们认为是“废品”的东西：钉子、螺丝、破衣服、用完的牙膏皮……雷锋告诉他们：这些东西乍看起来都是废品、是垃圾，但只要用对地方，都能继续发挥它的作用。这件事一传开，建设街小学很多班级都做了“节约箱”，决心学习雷锋叔叔勤俭节约、艰苦奋斗的精神。

一天，有个姓周的小同学到营房去玩，看见雷锋正坐在床边埋头补袜子，非常惊奇地说："雷锋叔叔还会补袜子啊！"当他看到雷锋手中的袜子，从袜底到袜面已经补了好几种颜色的补丁，更加惊奇起来，"怎么还补啊，这样的袜子还能穿吗？""怎么不能穿呢！"雷锋让他坐在身边，一边继续补着，一边对他说："解放前，咱们穷人连这样的袜子也穿不上啊！毛主席号召咱们要艰苦朴素，你们也应该学学补袜子。""补袜子好学吗？"小周问。"这不难，你看……"雷锋一针一线地教他补。在雷锋的启发下，这个孩子开始学着补袜子了。过了些日子，他在街上遇到雷锋，笑嘻嘻地脱掉一只鞋子，抬起脚来说："雷锋叔叔，你看，我学会补袜子了。""好哇！"雷锋非常高兴地看了他补的袜子，夸奖说："补的不错，针脚还挺密实呢！你应该把自己补的这双袜子，给同学们看看，叫大家都学着补袜子才好呢。"

1961 年 5 月初，建设街小学要维修围墙和花池，雷锋和他的战友从钢厂建筑工地捡来几车碎砖头，送到了校园里。孩子们在他的影响下，一放学也跟随去捡砖头，仅仅 3 天时间，所用的砖头就全部凑齐了，给建校活动做出了很大的贡献。捡废铜铁、补袜子、捡碎砖头……在那个物资紧缺的年代，雷锋这样的节俭是非常必要的。

雷锋很注意辅导办法，坚持百人百事百办法。建设街小学有个“特困生”王文阁，他非常喜欢科学知识。雷锋在送给他四个作业本、一打铅笔后，又拿出一套《十万个为什么》，深情地告诉他：“这套科学丛书是我特意为你买的，拿回去一定要用心地看，这套书中都是科学知识，对你一定有很大的帮助。”小小的王文阁激动得眼泪直流，一连声地说：“雷叔叔，谢谢您，谢谢您!”雷锋用手指着王文阁左臂上的“两道杠”说：“你已经用行动谢过我了，希望你能成为对国家有贡献的人才。”在《十万个为什么》的扉页上，王文阁看到了雷锋的赠言：“……愿你插上幻想的翅膀，去探索大自然的奥秘，长大成为一名科学家。”令雷锋欣慰的是，王文阁长大后成为一名学有所成的科学家，曾在 1992 年和 1993 年两次发明了新技术，并取得了国家专利证书。

建设街小学三年级学生孙桂琴，是个子小、胆子也小的女孩。雷锋给她们班讲完故事后，要和她班的孩子一起拍照，孩子们都很兴奋，孙桂琴也很高兴，但是由于害羞还是躲到一边去了。正好被雷锋看到了，雷锋就走过去，和蔼可亲地把她拉到自己身边，还亲昵地摸了摸她的头。孙桂琴个子很矮，雷锋就找来一块砖头，垫在她的脚下，刚好够到雷锋的帽檐。这一温馨的时刻让孙桂琴铭记一生。那时的她身体弱，经常生病。雷锋就将她列为自己重点辅导的对象之一。只要有空儿，雷锋就找到孙桂琴，陪着她到操场上锻炼身体，增强体质。雷锋不止一次地向她传授保护身体的重要性和锻炼身体的方法。在雷锋的悉心教导下，孙桂琴的身体渐渐强壮起来，性格也变得活泼开朗了。这样的转变，让雷锋非常欣慰。孙桂琴发誓一定要以雷锋叔叔为榜样，在1969年中苏两国关系紧张的时候，她申请参军入伍，要像雷锋叔叔那样保家卫国。有幸的是她还被分到了雷锋生前所在的连队，经过苦练成为电话班班长。后来又被推荐上医科大学，成为出色的军医。她的一生一直以自己是“雷锋的学生”而自豪，她也如雷锋一样，在平凡的岗位上做出了不平凡的成绩。

当然雷锋辅导的孩子中，并不是都如王文阁

般虚心好学，也不是都如孙桂琴般乖巧上进。对于那种不是“好孩子”的孩子，雷锋同样真诚引导，耐心教育，只是方式上不同于对好学生的辅导。建设街小学六年级二班有个学生，个子很高，也很伶俐，但是调皮捣蛋，整天打打闹闹，不愿意学习。中队委员们，甚至老师都认为这个孩子无药可救，对他采取放弃的态度。雷锋听说后，主动要求做这个同学的工作，他对中队委说：“帮助同学进步，让他明白学习的重要性是我们大家的责任。他功课不好，那就劝导他来参加学习小组，帮他补课，放弃他是不对的。”此后，雷锋每次来到学校都要去找这位同学谈谈心，给他讲讲有趣的故事，还邀请他到部队去玩。有一次，六年级二班的同学和雷锋一起到郊外去捡碎砖。大家都在专心捡砖的时候，这个调皮的同学偷偷摸进了雷锋开来的汽车驾驶室里。他在里边东摸摸、西碰碰，兴奋得握住方向盘，坐出开车的姿势，嘴里喊着：“前进！”当这个同学沉浸在开车的幻想中时，车门突然被雷锋打开了。这个同学吓了一跳，心想肯定要被批评了。但是，雷锋只是温和地笑着问：“你喜欢开车？”孩子点点头，但是又补充说：“可我学不会。”

“只要用心学，没有什么是学不会的。”雷锋答应他说：“等你捡完砖，我教你开汽车。”这个孩子一听可以学开汽车，立刻开心地跳下车去，和大家一起干活。雷锋说到做到，捡完砖后雷锋真的开始教他开汽车。但是不管怎么教，这个孩子也听不懂，稚嫩的脸庞上充满困惑和愁容。雷锋趁机劝他：“你看，开车都这么困难，你长大后负责的工作会更困难。你现在不好好学习，不努力掌握本领，以后怎么为人民服务？为祖国建设做贡献？既然现在有这么好的学习条件，应该好好把握呀！”孩子听了这番话后很受触动，答应雷锋今后一定改正缺点，好好学习。这个孩子慢慢地克服了缺点，投入学习，在各方面都有了很大的变化。一天，这个孩子突然跑到运输连找到雷锋，开心地告诉雷锋：“雷锋叔叔，我加入少先队啦！”看到孩子胸前的红领巾，雷锋很是安慰：“太好了，祝贺你啊！”

雷锋作为少先队的“大朋友”也经常致力于调解孩子的纠纷。本溪路小学有两个女同学，中队长陈雅娟和中队委员邹静坤，本来是一对好朋友。但是有一次邹静坤弄坏了陈雅娟的钢笔，陈雅娟生了气，从此谁也不再理谁，好友反目，见面都不说话了。老师把这个情况告诉了雷锋，雷锋听后说："我找个机会和她们谈谈。"一天，学校少先队发动大家为学校的园地准备肥料，缺少个粪勺，老师有意让这两个女同学到雷辅导员那儿去借。两个女同学各行其道，找到雷辅导员，见面却不说话，互相等着对方说。雷锋拿出了粪勺，两人谁也不接。雷锋放下粪勺，招呼两人坐下，开门见山地说："现在你们都小，正是学习的好时候，要搞好团结，只有团结了，才会学习好，工作好，何况你们都是中队干部呢？团结就是力量！听说你们俩为了钢笔的事儿，闹了不团结，是不是有这回事？"两位女同学都难为情地低下了头，雷锋笑着说："看你们俩吧！由于闹了意见，连个粪勺子都取不回去，干大事不更难了？"雷锋的话打动了两个小朋友的心，她们都有些后悔不该为一点小事闹意见。但是，谁也不好意思说第一句话，雷锋看出了她们的心事，就拉起她们的手说："你们要想搞好团结，就马上握握手吧！"两个孩子互相看了一眼，都忍不住笑了。就这样，两个差点走上"决裂"的朋友，因为雷锋的一段质朴而又真诚的话语，在雷叔叔面前两只小手又紧紧地握在了一起。一支钢笔造成的怨结，在一笑中化为乌有。两个女孩子高高兴兴地拿起粪勺，从军营一溜小跑跑回了学校。这件事在两个女孩子的人生中，算不得什么重大事情，但是雷锋带给她们的启示肯定会使她们受益终生。

雷锋作为辅导员，宽厚和蔼，平易近人，知心知情，对孩子的吸引力不言而喻。不管是一年级的小同学，还是六年级的大同学，一有机会都愿意依偎在雷锋的身边，问这问那，说东说西。更多时候还是要求讲故事，雷锋读书多，很善于讲故事，他的故事非常多，有打仗的故事，有毛主席小时候的故事，有名人爱学习的故事……有时，他也会有的放矢地讲一些自己经历的事，用自己的故事开导小学生。比如他“吃锅巴”的故事：

> 有一天连里开饭，我看见炊事班的饭盆里有很多焦黄的锅巴。我生于南方，天生爱吃大米，又有些饿了，看见香喷喷的锅巴，忍不住拿起一块当点心吃起来。这个行为恰好被炊事员看见了，炊事员黑着脸对我说：“自觉点啊！”我见炊事员在大庭广众下，为了一口锅巴很不友好地说这种话，顿时心里就有些不高兴。我觉得，自己干了一上午

活，又饿又累，吃块锅巴垫补一下，就要受到批评，简直是小题大做。我越想越气，冲着炊事员说："不就是块锅巴吗？至于这样批评人吗？"说完把锅巴赌气地扔回饭盆，不管不顾地走了出去。这时通讯员送来一张报纸，我一眼看见了报上的毛主席语录："因为我们是为人民服务的，所以，我们如果有缺点，就不怕别人批评指出。不管是什么人，谁向我们指出都行。只要你说的对，我们就改正。"这时我的心情平静下来，把这条语录读了很多遍，越读越感到自己不对，总觉得这话好像是对我说的，越来越后悔和炊事员赌气。心想："本来食堂就有规定，不论什么东西，都不能随便乱吃。我违反了规定，炊事员批评得对，我应该虚心接受才行！人家批评重一点，你就受不了啦！"想来想去，还是硬着头皮跑到炊事班，承认了自己拿锅巴不对，检查了自己的缺点。炊事员也觉得自己刚才说话的方式和语气不对，也诚恳地向我表达了歉意。

儿童都喜欢吃，这个故事对于他们的教育非常适合。雷锋意在告诉孩子们他也犯过错误，也

有时认不清错误，产生过抵触情绪，让孩子们从自己的故事中吸取教训。

再比如“不请假外出”的故事：

> 我刚入伍的时候，还是个幼稚的青年，有时不自觉地就违犯了纪律。有一个星期日，我认为放了假，就可以随便外出了，谁也没告诉，就上街去照相了。这件事被指导员知道了，吃过午饭就找我谈话。指导员搬过一张凳子让我坐下，和蔼地问我：“雷锋，你今天上街请假了没有?”我难为情地说：“没有!”指导员语重心长地说：“这样不好哇！部队嘛！要有严格的组织纪律，不论做什么都要请示报告，星期天外出也要说一声，如果军队没有严格的组织纪律，就会成为一盘散沙，那怎么能战胜敌人呢？毛主席说：我们这个军队之所以有力量，是因为所有参加这个军队的人，都具有自觉的纪律性。邱少云同志就是我们学习的榜样，他在战场上，敌人的燃烧弹烧着了他的衣服，可是他为了不暴露目标，宁愿烈火烧身也一动不动，一直坚持到最后牺牲……”我是一个很容易动感情的人，听到这里，心里很难

过，就情不自禁地哭了。指导员又说：“只要认识到自己错了，今后改正就行了，哭什么?”打那以后，我再也没有违犯过组织纪律。

雷锋讲这个故事，意在启发同学们在学校、班级这个大集体中要做一个遵守纪律的少先队员。

雷锋做辅导员时的故事很多，他辅导过的少先队员中，很多都成了学有所成的栋梁人物，他们至今还在怀念这位小兵叔叔、少先队的大朋友。

人民代表

1960 年 10 月，全军部署开展“忆阶级苦，忆民族苦；查立场，查斗志，查工作”的“两忆三查”教育运动，雷锋首先在团里进行忆苦报告。“忆苦大会”在露天车场召开，雷锋缓慢而又低沉地讲述自己的童年，他的悲惨童年让很多战友都禁不住流下泪来。当他讲到母亲不堪地主少爷的凌辱悬梁自尽的时候，会场上的空气让人感到喘不过气来，对旧社会的愤恨达到顶点，全场一片哭泣声。雷锋的“忆苦思甜”感动了战友

们，产生了不小的影响。经部队研究，雷锋既是苦出身，又工作出色，是全团的“节约标兵”，便决定从 11 月 3 日开始，到军区工程兵所属各单位去做忆苦报告。11 月中旬后，他的先进事迹已在部队和地方广泛传播，东北很多城市都留下了他做报告的足迹，留下了他控诉旧社会悲戚而又有力的声音，也正是在外出做报告的途中，他坚持做了很多好事，留下了那句“雷锋出差一千里，好事做了一火车”的顺口溜。

当年 11 月下旬，军区准备召开首届青年团代表会议，指名雷锋为特邀代表，并准备授予他“模范共青团员”的称号，军区上上下下都希望他能以党员身份出席军区团代会。关于入党，雷锋一入伍就递交了入党申请书，运输连指导员高士祥找他谈话，给予鼓励，还送给他《党章》和《论共产党员的修养》。但是按照部队不成文的规矩，新兵入伍的第一年不发展入党。运输连党支部公认雷锋是棵好苗子，一直重视对他的培养和教育。连里为此还召开过三次讨论会，最后决定将雷锋列入第四季度的发展计划中。现在，上层希望抓紧批准雷锋入党，运输连党支部立即召开支部大会讨论通过雷锋入党的问题。11 月 8 日，高指导员把入党志愿书交给雷锋，让他填写。雷锋接过入党志愿书，心情激动难耐，拿起笔来就填写。填后念了一遍，觉得不理想，又向文书要了一份，心情平静了才填，还增加了申请书中没有的新内容。那天晚饭前召开了支委会，大家异口同声地同意雷锋入党。11 月 9 日，高指导员找来雷锋，拿出盖过章的入党志愿书给他看，并以严肃的口气告诉他："雷锋同志，从现在起，你就是中国共产党党员了！"雷锋"哇"的一声哭起来，双手颤抖着捧着入党志愿书，哽咽着断断续续地说："我……终于是共产党员了……党，是我的生身父母……今后，我坚决听党的话！"激动中的雷锋在那个不眠夜用日记记录下了对他有巨大意义的事件，并表达了自己的诚挚决心：

> 1960 年 11 月 8 日，是我永远不能忘记的日子。今天，我光荣地加入了伟大的中国共产党，实现了自己最崇高的理想。
>
> 我激动的心啊！一时一刻都没有平静。伟大的党啊！英明的毛主席！有了您，才有了我的新生命。我在九死一生的火坑中挣扎和盼望光明的时刻，您把我拯救出来，给我吃的、穿的，还送我上学念书。我念完了高

> 小，戴上了红领巾，加入了光荣的共青团，参加了祖国的工业建设，又走上了保卫祖国的战斗岗位。在您的不断培养和教育下，使我从一个孤苦伶仃的穷孩子，成长为一个有一定知识和觉悟的共产党员。
>
> 伟大的党啊！您是我慈祥的母亲！我所有的一切都是属于您的，我要永远听您的话，在您的身下尽忠效力，永做您忠实的儿子。
>
> 今天我入了党，使我变得更加坚强，思想和眼界变得更加开阔和远大。我是一个共产党员，人民的勤务员。为了全人类的自由、解放、幸福，哪怕高山、大海、巨川，为了党和人民的事业，就是入火海、进刀山，我也甘心情愿，头断骨粉，身红心赤，永远不变。

雷锋的入党决心是发自内心，赤诚而又热烈的。

11 月下旬，沈阳军区工程兵政治部做出了关于在部队中开展“学雷锋、赶超雷锋”活动的指示。中国人民解放军工程兵工程第十团党委向全团发出了人人都来学雷锋、赶雷锋、做雷锋式的五好战士的号召。沈阳军区《前进报》以两个整版的篇幅，宣传雷锋的事迹。12 月初，《前进报》又用一个版的篇幅，以“听党的话，把青春献给祖国”为题，首次发表了《雷锋日记》摘抄，连续发表 11 篇雷锋战友撰写的雷锋的感人事迹。从 12 月 8 日这一天起到月底，《前进报》每期以整版或半个版的篇幅，报道各部队学习雷锋的情况。

这个年满 20 岁的杰出青年在经过了悲苦的煎熬、痛苦的挣扎、艰苦的奋斗后，步入了生命的辉煌期，各种机遇纷纷而来，各种荣誉如春花盛开，繁盛鲜艳。

1961 年抚顺市要召开第四届人民代表大会，运输连驻地附近的居民群众酝酿着推举人民代表。认识并景仰雷锋的居民、老师、学生们纷纷提议：推荐雷锋当人民代表。雷锋担任校外辅导员的本溪路小学，有一位老师带着两名学生，来找运输连领导，郑重其事地告诉他们：该校全体师生要推选雷锋担任人民代表，问部队有什么意见。

连部领导做不了主，向团里韩万金政委请示。韩政委也正在考虑产生人民代表的事，听了

汇报后，立即回复道："雷锋在人民群众中做了不少好事，群众推举他当人民代表，这是民意。答复本溪路小学，代表由我们部队自己选。"当时团政治处主任已经接到了抚顺市人民委员会的通知，给了该团一个代表名额，要求团里尽快选出上报。因此，团领导研究决定：提议以望花区人民群众的名义，推举雷锋为全团唯一候选人，征求全团干部、战士同意即可。第二天全团官兵集合于野外山坡，韩政委将雷锋所在连驻地群众、本溪路小学师生们推举雷锋当人民代表的心愿传达了一遍，然后请全团官兵就地酝酿。坡上坡下，人声如潮，提起雷锋，赞不绝口。韩政委站在台前，高声发问："选举雷锋同志为抚顺市第四届人民代表，大家有意见没有?"全团一千多人齐声回答，声如雷鸣："没有!"并且立即举手赞成。当时雷锋坐在队伍前面，却没有举手。韩政委看到了这个情况后，冲着雷锋大声地问："雷锋！全团选举你当人民代表，你有什么意见没有?"雷锋立刻站起，首先向台上敬了个礼，又转回身向全团官兵敬礼，神色庄重、激动地发言："首长和同志们信任我，我不会辜负这种信任!"全团战友掌声响起，震耳欲聋。

7月31日到8月7日，雷锋作为部队的人民代表，如期参加了抚顺市第四届人民代表大会。在会议间隙，他接触了很多的人民代表，与他们共叙衷肠。他一遍又一遍地阅读会议文件，心想，我这样一个穷苦人出身的人民战士，能够参加这样的大会，要在过去真是做梦也想不到啊！心情激动之余，文思泉涌，提笔在文件袋上写下了一首“枪杆诗”：

过去当牛马，
今天做主人。
参加代表会，
讨论大事情。

人民有权利，
选举自己人，
掌握刀把子，
专政对敌人。

衷心拥护党，
革命永继承。
哪怕进刀山，
永远不变心。

在开会期间，雷锋遇到六位六七十岁的老大娘代表。他对这些老人感到非常亲切，在 8 月 6 日的日记中，他深情地写下了自己的感受、感想：

> 我看见有六位六七十岁的老太太来参加抚顺市第四届人民代表大会，内心十分羡慕和尊敬。我看到她们就好像看到了自己的祖母一样。拉着她们的手，微笑地向她们问好，并把她们一个个送到宿舍，给她们倒茶、打水……并和她们有趣地拉家常。……从阶级友爱出发，我不但爱这些老太太，而且爱全国人民，爱全世界的穷苦大众。他们都是我的亲人，我要为他们的自由、解放、幸福而贡献自己毕生的全部精力，直至最宝贵的生命。

他“爱全世界的劳苦大众”，并且要为了“他们的自由、解放、幸福而贡献自己毕生的全部精力，直至最宝贵的生命”。此时，雷锋的境界与情怀又一次提升了。

从征兵开始，已经在工厂一身荣誉的雷锋就给带兵领导留下了深刻的印象，在新兵大会上的发言更是让全团都知道了雷锋这个名字，接下来他又带病参加抢险，带病参加劳动，参加“忆苦思甜”大会，顺利入党，到各地做报告，参加人代会，自身更是勤俭节约，积极工作，热心帮助群众、战友，积极学习毛主席著作……这一切都让他很快被树立为时代的榜样与楷模。

当然，雷锋的成长同任何一个英雄模范人物一样，都有其特有的土壤和环境。当时，生活水平不高，物质匮乏，但人们的世界观、价值观比较稳定，“没有共产党，就没有新中国”，没有新中国就没有亿万人民的当家做主，就没有吃得饱、穿得暖的日子。这个朴素的道理，使广大人民群众衷心拥护和热爱我们的党，这种认同在每个有进取意识的青年人身上的反映，就是听党的话，按党的要求去塑造自己，向那些按党的要求做得好的人学习。雷锋恰恰处处体现党的要求，处处是按毛主席的教导去做的。同时，雷锋从一个孤儿成长为一个优秀的共产党员，与人民群众有着天然的亲近感，对雷锋这一形象与典型，群众自然能较快地接受。

另外，雷锋的脱颖而出除了与他个人多年的努力和积累有关外，与部队领导的重视与提拔是分不开的，当年雷锋所在部队的政委韩万金

曾说：

> 雷锋入伍后不久，我们就发现他和其他战士不大一样。从几件小事给我们一个印象，就是雷锋同志在很多地方和其他的新战士表现不一样，是一个很好的同志。在这种情况下，我们就开始对雷锋同志的情况进行了全面调查了解，从了解中，我们发现雷锋办了很多好事。我们开始认识到雷锋是个好苗子、好战士。从此以后，我们更加注意了对雷锋的培养和教育。

可以看到，雷锋不属于自己，从一开始就属于他的那个团，成为人民代表后，他已经属于那个时代了。但是显然这并不是全部，在不到三年的时间里，他先后荣立“二等功”一次、“三等功”两次，被沈阳军区树为“节约标兵”“模范共青团员”，当选为抚顺市第四届人民代表，这一系列的荣誉与称号，都无可置疑地说明，雷锋被树立为时代标兵并不是偶然的，而是他优秀品质的一贯坚持与各方组织力量重点培养的必然结果。

第五章
长眠黑土地

因公殉职

1962年8月15日，天色阴沉，细雨霏霏。雷锋和他的助手乔安山驾驶13号汽车，从山区工地风尘仆仆地赶回抚顺驻地。这次回来拉施工器材，任务不是很急，他在回来的路上就和小乔商量好了，要利用这天上午的时间对汽车进行三级保养，再到他辅导的两所小学校去看看那些可爱的孩子，下午再抽点时间去看看他一直照顾的烈属张大娘，听说老人病了，他想买点什么给老人送去。雷锋计划如果下午三四点钟能装完车，争取熄灯前赶回工地是没有问题的。他们赶回抚顺驻地已是上午10点左右，连长虞仁昌考虑到他们远路回来，又快吃中午饭了，就叫他们去休息。

可是，雷锋看到车轮上沾满了泥巴，车身上也溅了许多泥水，就不顾早饭没吃和一路上的疲劳，准备把车开到营房后边一块空地上去冲洗。临开车前，雷锋告诉乔安山：“你等一下，我去跟连长请示一下。”说着，他就到连部去了，乔安山则坐在车里等他。过了一会儿，雷锋回来了，对乔安山说：“咱俩洗车去！”乔安山边答应着边下车，想让雷锋开车，但是雷锋坚持让乔安山开。乔安山作为雷锋的助手，只要一有机会，雷锋都会让他多上车、多实践，练习驾驶技术。这次雷锋站在车下指挥乔安山。洗车要到九连前面的水龙头那里去洗，因为九连外出执行任务去了，怕附近的小孩进去玩，就利用道口的几棵树拉上了铁丝网，雷锋跑过去把拦在道上的铁丝网摘下来。乔安山把车开到铁丝网跟前，问能不能过去。雷锋说：“没事，直接开就是！”接着汽车开进的是一个较窄的人行道，道口的左边有一棵大杨树，顺着大杨树有一排一人多高、碗口粗的柞木杆子，柞木杆子上面用 8 号铁丝一个一个地拧在一起，平时战士们用来晒衣服用，右边是九连连部的房子。雷锋站在车的左侧，离车很近，几乎就挨着脚踏板。他站在那指挥着说：“没事了，往前开吧!”乔安山挂上二挡起步，车“轰”的一声向前开去，没想到车后轮将离大树最近的一个柞木杆子从根部挤断了，并把拴在上面的8号铁丝也拉断了。不幸的事情发生了，折断的杆子在铁线的拉力作用下，横飞出去，上端正好打在雷锋的太阳穴上。当时乔安山并不知道这一切，由于车转弯视线盲区的关系，他没有看到后面的情况，没有听到雷锋说什么话，就没在意，把车一直开到九连的水龙头跟前。乔安山根本没有意识到这一次与以往有什么不同。下车后，当乔安山看到雷锋倒在地上，他赶紧跑过去，当时在菜地里干活的几位战友也闻讯跑了过来。乔安山抱着无声无息的雷锋慌乱地摇晃着，这时，雷锋的鼻子、嘴巴都往外喷血，喷了乔安山一身。乔安山急得直喊：“班长！班长!”“快去找连长!”很快，连长虞仁昌跑到了现场，看见雷锋倒在地上不省人事，立即命令把教练场的车开过来。汽车驾驶教练员王广湘火速把雷锋送到了抚顺市职工医院。

在抢救室里，院长和主治大夫都来了，他们用各种方法进行全力抢救。过了一会儿，院长对连长虞仁昌说：“雷锋的伤势很重，是颅骨骨折，颅内出血，有生命危险，得立即开颅做手术。我们这儿技术条件不行，得赶快去沈阳陆军总院接大夫。”旁边的王副连长听后，一边向上级报告情况，一边准备车。王副连长亲自驾驶汽车，开足马力，用最快的速度向沈阳飞奔而去。这时，雷锋每隔十多分钟就抽搐一次，后来是五六分钟抽搐一次。虞连长一再央求医生要想尽一切办法抢救，医生非常认真负责地接连做了几次人工呼吸，可是效果并不明显。后来院长征求连长的意见后，又把雷锋的气管割开输氧。此时，雷锋的腹部起伏了一下，这一起一伏，给在场的人带来了希望。可是雷锋很快就又停止了呼吸。等到把沈阳部队总医院脑神经专家接来时，雷锋由于伤势过重，大脑溢血，中午12点05分停止了呼吸。

雷锋被护士推进了太平间，乔安山拖着两条软绵绵的腿，跟在后面也进了太平间，他靠在雷锋的床边上，呆呆地看着白布单，长久地呆立着……看太平间的老大爷过来问：“你出去不？我要锁门了。”乔安山无力地摇了摇头，老大爷走了，他的大脑一片空白。大约半个小时，陈排长走进太平间，把乔安山带回连队，并关在一个小屋里禁闭起来。高士祥指导员得知后，立即命令把乔安山放了，并嘱咐一个战士说：“你看着他点儿，别离开他身边，如果他想不开再出点事就糟了。”第二天，上级工作组来了，勘查了发生事故的现场，分析了事故的原因，最后对雷锋的牺牲做出结论：因公殉职，意外事故。高指导员找到乔安山，严肃地对他说：“事故已经调查清楚了，完全属于意外事故。雷锋已经牺牲了，你要化悲痛为力量，不要背什么思想包袱。”连里决定还让他回四班，乔安山放声大哭起来。

雷锋作为班长，带领四班在山区行车共26000多公里，从未发生过事故。但是1962年8月15日那天上午，一场意想不到的事故却在空旷的操场上发生了。雷锋的因公殉职是他的战友乔安山在完全的无意中撞倒了方木杆子所导致的，部队领导在分析清楚事故原因之后原谅了他，让他一切如常。

乔安山与雷锋在鞍钢时就是工友，但是那时他们同厂却不相识。后来，雷锋和乔安山先后调到了弓长岭铁矿，他们才相识并成为好友。虽然是好友，但是乔安山很早就感觉到雷锋和他，和大多数工友都不太一样。雷锋接受新事物非常快，在工厂的时候跳舞是一件时髦的事情，雷锋

喜欢跳舞，跳得还非常潇洒，不少女工喜欢找他跳。雷锋喜欢照相，更喜欢给工友们看他的照片、讲他的照片。多少年后，乔安山还记得当年雷锋给他们讲自己照片的那个场景。其中有两张让他一生都记忆深刻。一张是雷锋来鞍钢时，路过武汉，在武汉长江大桥前的留影。他得意地指着这张照片对工友们说：这是咱新中国修的大桥，底下跑火车，上头跑汽车，多漂亮！乔安山当时无论怎么都想象不出来，这个世界还会有火车汽车一起走的大桥。40 年后，他也站在武汉长江大桥的桥头拍了一张照片，作为对早已离开的雷锋的一个回应。还有一张是雷锋小学毕业时的照片，一大群学生整齐地排成几排，雷锋站在他们中间，高昂着头，很英武。当时乔安山这些没上过学的工友都特别羡慕雷锋有这么好的机会，不仅能学知识，还能拍照片。雷锋讲照片，不是仅仅讲照片，他讲着讲着，就会讲到旧社会，愤怒地讲述旧社会对他家、对他的亲人的残害，讲述新中国对他这个孤儿的恩情。他不自觉地就讲得慷慨激昂，而乔安山在内的工友也听得热血沸腾，被他的思想与情绪感染。

雷锋和乔安山是性格完全相反的人，乔安山

沉默寡言、老实木讷，而雷锋激情四射，活泼开朗，有使不完的能量，用不完的劲。有一次，十里外的地方放电影《智取华山》，雷锋在乔安山宿舍门口操着湖南口音叫他：“小乔！战斗片！去看不?”乔安山想都没想就跟他去了。在路上，雷锋怕晚了，看不到开头，就一路小跑，嘴里还不停地说着工厂里的工作，说着过去的经历，跑得气喘吁吁，说得激情兴奋。而乔安山一声不吭地听着，很怕跟不上他。到了放电影的地方，人非常多，很是热闹，雷锋变得更加兴奋，拉着乔安山不停地窜来窜去，找熟人，找位置。乔安山则像个闷葫芦一样任雷锋拉着、拽着。电影开演时，全场跟着电影里的情节一起紧张，跟着电影里的胜利一起欢呼，雷锋更是笑得最大声的一个，巴掌拍得比任何人都响。乔安山受他感染与影响，也被带动得很激动。回工厂的路上，雷锋还是很兴奋，边走边学着电影里解放军战士的动作，跟乔安山讨论着电影里的情节，并且流露出对军营生活的向往。乔安山也很羡慕那些解放军，喜欢听退伍军人讲部队的故事，甚至还用新衬衣换人家的已经很旧了的印着“八一”军徽的背心。当雷锋推开乔安山宿舍的门，问他：“小乔，你参军不?”他想也没想地问：“你去吗?”“我当然去了。”“好呀！你去我就去，明天我就报名!”于是这一对工友又成了战友。

乔安山和雷锋在一个班生活，亲如手足。发洪水时，雷锋知道他家也遭了水灾，便偷偷地给他家里寄了10元钱。当他们在外执行任务同住一户老乡家里时，雷锋主动教乔安山学文化。当乔安山并不是很热心时，雷锋说：“小乔，你得专心学习呀，要不然将来谈恋爱写信总不能求人写吧。”1962年8月15日那一幕让乔安山一生都在悔恨、赎罪的心态中度过。他无数次设想：那天如果是雷锋开车该多好；如果不去九连那里洗车该多好；如果车再往右边一点该多好；如果方木杆子上没有铁丝该多好；如果方木杆子飞起的方向再错开一点点角度该多好……只要有任何一个如果变成现实，悲剧就不会发生了，雷锋也就不会死了，那雷锋应该也和他日后一样儿孙满堂，而且他又那么优秀，肯定会更辉煌。

雷锋不在了，但那个活着的雷锋却让乔安山跟随了一辈子。他在雷锋殉职后，处处学习雷锋，助人为乐，以此告慰雷锋的英灵。雷锋殉职四年后，他复员了，并在铁岭结婚成家，在铁岭市运输公司做司机。每年清明节，他都要带着家人坐火车去抚顺给雷锋扫墓，每一次在墓前都自言自语："老班长，我领着家里人看你来了，这些年我是照你的样子去做人的，我让儿子、孙子也照你的样子去做……"在实际生活中，他一直做着别人不愿做或做不到的事情，他觉得只有这样，才对得起雷锋，才能使心灵得到些慰藉。

品格永流传

雷锋牺牲后，他所在连的干部、战友几天几宿吃不好、睡不好，都为雷锋的遇难而痛苦，为失去一位亲密战友而哀伤。为了表达对雷锋的尊敬，连队决定由正副排长以上干部为雷锋的遗体站双岗，全副武装给雷锋守灵，半个小时一换班。雷锋牺牲的消息，很快传到了他所担任辅导员的两所小学校。本溪路小学这一天举行开学典礼，典礼进行期间，这条消息传遍了整个会场。大会一结束，孩子们立即跑向军营。两天前，雷锋叔叔还答应过孩子们要参加他们的开学典礼。但是这一切将永远不再，当他们确信再也见不到雷锋叔叔时，孩子们痛哭起来。

运输连驻地的烈属张大娘与雷锋亲如母子，

雷锋常常去看望她，照顾她。当她得知雷锋牺牲的消息，像失去亲生儿子一样哭天抢地，悲痛欲绝。她是一位少许识字的老人，颤抖着手拿起了笔，写了改，改了写，以泪洗面地哭了一天一夜，终于以心血写出了自己的悼词：雷锋和我的儿子一样，我也要学习雷锋。

1962 年 8 月 16 日早晨，抚顺市广播电台播音员以沉痛的语调，向全市人民宣告了雷锋因公殉职的沉痛消息。也在这一天早晨，市委派人送来了上好的棺木。雷锋生前所在部队和上级有关部门批准了在地方召开雷锋追悼大会，并确定在雷锋牺牲的第三天，也就是 1962 年 8 月 17 日下午 1 时，在抚顺市望花区政府礼堂举行“公祭雷锋大会”。参加公祭大会的有沈阳军区司令部、政治部，工程兵部队司令部、政治部，抚顺市党、政、工、青、妇各级领导，望花区的党政领导，各学校的学生代表，以及自发参加追悼会的群众，参会的人都佩戴着白花和黑纱。参加追悼会的人远远超过了预想的规模。望花区委礼堂容纳不下，干脆在外边院子临时架设扩音喇叭，会场内外，大院内外人头攒动。礼堂布置得庄严、肃穆，雷锋的灵柩停放在礼堂台上，大会主席台上挂着大幅横额：“公祭雷锋同志大会”。挽联挂在会场的两侧：“学雷锋不怕苦，不畏难，以行动作纪念，争当五好战士；学雷锋对敌狠，对己和，化悲痛为力量，苦练杀敌本领。”

追悼大会后，人们按顺序随着哀乐从雷锋的灵柩前走过去，做最后告别。当运送雷锋的灵车驶出大门时，街头簇拥着成千上万的抚顺市各界人民群众，场面悲切、凄楚。雷锋的灵柩经和平大街、戈布大桥，送往烈士公墓。一路上，道路两旁站满了送葬的人群，当时 70 多万人口的抚顺，竟有 10 多万人走上街头为雷锋送葬，他们都自动戴上黑纱或白花，怀着沉痛悼念的心情，护送着雷锋的灵柩向烈士陵园走去，这一场面在抚顺的历史上是从未有过的。得知雷锋牺牲的消息后，在姑嫂城雷锋曾接济过的牧羊老人吕长太，因没法到现场，只好买了黄纸钱，一个人哭拜在荒野，为他烧纸化钱，寄托哀思。

下午 3 点钟，市区交通为保证送葬车辆送行，暂时停止车辆来往。为送灵队伍开道的是团特务连的两辆摩托车，紧跟其后的是一辆三轮摩托车，由汽车连排长谢伯林捧着雷锋遗像坐在上面，紧接着是灵车。为让灵车安安稳稳到达，汽车连副连长白福祖亲自驾驶……

到达抚顺市戈布烈士陵园后，举行了安葬仪式。战友们把雷锋的灵柩从车上抬下来，缓慢而又平稳地放进墓穴里面。安葬的形式完全是按照抚顺地方的风俗习惯进行的，这是抚顺市民众的要求，以这样的风俗安葬雷锋，他的英灵才会安宁，才会不朽。

雷锋墓位于抚顺市戈布烈士陵园东山坡，坐东朝西，墓前立有一块碑，上面写着：“毛主席的好战士、中国共产党党员、抚顺市人民代表、中国人民解放军 3377 部队班长，雷锋烈士之墓，一九六二年八月十七日立。”

雷锋长眠在抚顺大地，英魂永驻黑土地。

雷锋生前有一个最大的愿望就是见到毛主席。他在鞍钢当工人时曾在日记里表达了这个愿望：

> 昨天我听到一位从北京开积极分子代表大会回来的同志作报告。他说，毛主席在北京接见了他们，毛主席的身体很健康，对我们青年一代无比的关怀和爱护……当时我的心高兴得要蹦出来。我想，有一天我能和他一样，见到我日夜想念的毛主席该有多好，

多幸福啊！可巧，我在昨天晚上做梦就梦见了毛主席。他老人家像慈父般地抚摸着我的头，微笑地对我说："好好学习，永远忠于党，忠于人民!"我高兴得说不出话来了，只是流着感激的热泪。早上醒来，我真像见到了毛主席一样，浑身是劲，总觉得这股劲，用也用不完。

我决心听党的话，听毛主席的话，永远忠于党，忠于毛主席，好好地学习，顽强地工作，为党和人民的事业贡献自己的一切，做一个毫无利己之心的人，我一定争取实现自己最美好的愿望，真正见到我们最伟大的领袖毛主席。

雷锋勤奋学习、积极向上、锐意进取，认真做好每一件事，读毛主席的著作，照毛主席说的话去做，希望离这个理想越来越近。如果不是这场意外，不是因公殉职，他的"梦想"就可以成真。1962 年 6 月，沈阳军区政治部已经批准雷锋作为沈阳军区的代表，参加 1962 年 10 月 1 日的国庆观礼。但是令人扼腕叹息的是，这场意外让雷锋永远地与这即将成真的梦想擦肩而过。

雷锋去世后，他生前所在的班被命名为"雷

锋班”，如今，半个多世纪过去了，雷锋的床铺依然被保留在“雷锋班”的宿舍里，上面放着叠成“豆腐块”的被子，干净整洁。褪了色的军装和有些开裂的皮带，让人在心中勾勒着雷锋穿着军装的朴实无华，富有朝气的样子。

雷锋去世后，抚顺市修建了“雷锋纪念馆”，1965 年 8 月 15 日落成。那里有一座高 22 米的毛主席题词纪念碑，有一条由 22 颗红星和 22 篇雷锋日记的石雕组成的“雷锋之路”。一切都在昭示着他 22 岁的人生之路。22 岁，正是一个人青春洋溢、朝气蓬勃的时候，充满了无限的可能。虽然雷锋的生命如此短暂，却如此绚烂；如此平凡，却深深影响了我们！雷锋没有伟岸的身躯，却散发着永恒的魅力！雷锋所展示的品格早已超越了他的那个时代，成为一个民族，乃至全人类所崇尚的理想人格和美好境界！